彭桓武传

Peng Huanwu Zhuan

王 霞 / 著

中国青年出版社

图书在版编目（CIP）数据

彭桓武传 / 王霞著 . —北京：中国青年出版社，2014.11（2025.2 重印）
（共和国科学拓荒者传记系列）
ISBN 978-7-5153-2886-7

Ⅰ. ①彭… Ⅱ. ①王… Ⅲ. ①彭桓武—传记 Ⅳ. ① K826.11

中国国家版本馆 CIP 数据核字（2014）第 251457 号

原版责任编辑：方小玉
本版责任编辑：彭岩
书籍设计：刘凛　刘黎立
出版发行：中国青年出版社
社　　　址：北京市东城区东四十二条 21 号
网　　　址：www.cyp.com.cn
编辑中心：010 - 57350407
营销中心：010 - 57350370
经　　　销：新华书店
印　　　刷：三河市君旺印务有限公司
规　　　格：710mm×1000mm　1/16
印　　　张：15.25
字　　　数：150 千字
插　　　页：2
版　　　次：2015 年 2 月北京第 1 版
印　　　次：2025 年 2 月河北第 7 次印刷
定　　　价：27.00 元

如有印装质量问题，请凭购书发票与质检部联系调换
联系电话：010 - 57350337

目　录

序

潇洒风流总出尘

　　彭桓武的名字是与中国的核反应堆、原子弹、氢弹、核潜艇和基础物理写在一起的，然而，他却为许多中国人不识，这是由于"文革"后公开参加领导、制造原子弹、氢弹的科学家名单时，他已经离开这条战线回中国科学院去了，更因为他淡泊名利，不求闻达，对叩门而来的荣誉也唯恐避之不及。

　　钱三强曾多次感叹："彭桓武默默地做了许多重要工作，但很少有人知道。"

　　周光召于2006年9月25日在彭桓武院士科技思想暨"彭桓武星"命名仪式上发言："彭先生是我国核物理理论、中子物理理论以及核爆炸理论等各种理论的奠基人，差不多所有的这方面的后来工作者，都是他直接或是间接的学生。"

彭桓武，这位不著名的著名科学家在我国军事科学史上占有不可替代的重要地位，他富有传奇色彩的人生和潇洒风流的个性无一不印证他崇高完美的追求和自然超俗的秉性。

彭桓武的非凡，一方面表现在自然科学上的博大精深、学贯古今，一方面表现在社会科学上的懵懂浅陋、迂阔笨拙。彭桓武是先学会做算术题，后学会说话的；三四岁就展现出他数学方面的天才；上小学算盘和心算能力远远高于同龄孩子和哥哥姐姐；高中时期一年里连升三级；入清华又被师生誉为物理系"四杰"之一；在欧洲留学和游学，更得玻恩、薛定谔、海特勒称赞。玻恩在给爱因斯坦的信中多次提及彭桓武，说"他比其他学生聪明能干，好像什么都懂、什么都会"。在《薛定谔传记》中薛定谔给爱因斯坦的一封信中提到彭桓武："简直不可相信这个年轻人学了那么多，知道那么多，理解得那么快……"海特勒在一篇回忆文章中说："同事中最受人热爱的一个是中国人彭桓武……一贯的兴致结合着非凡的天才，使他成为同事中最有价值的一个。"同时，彭桓武在社会科学方面表现出的木讷和蠢笨也是令人惊诧的。三四岁时就讨厌与外人接触，家里只要来人，他就躲起来不见，每次理发都被母亲追得满屋子跑；小学时手工课常挨老师的板子；父亲重复最多的评语是"不懂政治，不会办事"；在英国，希特勒的第一枚炸弹落在他留学的城市里，满城人都惶惶不安，他却坐在灯下纹丝没动；"文革"时，科技大学有人贴他的大字报，在"资产阶级学术权威"的前面没有冠以"反动"二字，他看后竟高兴

1999年，彭桓武在云南石林

了几十年，他说："他们表扬我呐！"直到晚年，仍然有人说他是"不问政治的科学家"。彭桓武也从不避讳这一话题。他称自己一辈子没弄懂军、师、团谁大谁小，一辈子没明白部、局、处谁领导谁，他给自己的评语是："社科方面的知识不如一个中学生。"

彭桓武的非凡还表现在他一方面记性好，一方面忘性大。记忆力好表现在数学、物理学方面。原子弹、氢弹理论攻关时，他常在小黑板上推导出一长串公式，手里的粉笔从不打绊儿，甚至到80多岁，物理学上那些繁杂得吓人的公式，他都能毫厘不差地背出来，这令他的同事们惊叹称奇。在日常生活中他却是个忘性大的人。儿子3岁时，一次他抱儿子玩，儿子手中的小铲砍向他的脑袋，他两手只顾忙着去护头，竟忘了手中的孩子，结果儿子掉在了地上。生活中，他丢失最多的恐怕是雨伞、上衣、袋儿和钱，同时，还有他的故事。时常有这种情况出现：当别人兴致勃勃地讲起他不久前所做的事时，他像第一次听到一个与自己毫不相干的故事，显出同样的兴致勃勃和一脸的无知："真有这样的事？"他曾试图把忘性大的罪过归咎于62岁那年得的脑膜炎，可马上就有同事站出来替脑膜炎"喊冤"。因为在此之前，就有人问他钱伟长戴不戴眼镜。与钱伟长在清华同一小组做试验达四年之久的他，竟回答不出来！

彭桓武的博学多才是与他勤奋读书、埋头研究分不开的。他在57岁那年，还在学习拓扑学。拓扑学令许多数学家都望而生畏，而他不耻下问，多次向年轻一辈的数学家周毓麟请教。82岁时他买了电脑，学会操作后第一件事是把他几十年创作的百余首旧体诗词输入其中，以备日后出版《彭桓武诗集》之用。1996年春天，李觉去看望他，只见他的书桌上摆满了外文书和演算稿纸。归程中，同去的司机师傅感叹说："老科学家还在看书呢！"

彭桓武身上存在着许多相互矛盾的东西，换种说法：在很多人眼中，彭桓武是个怪人。

他看不懂文学作品，看不懂电视剧，除了"文革"时期政治学习看过《红灯记》《沙家浜》等几部样板戏外，也从不进电影院看电影，但是他的旧体诗感物抒怀、吟风弄月，文辞瑰丽、气势奔放。62岁那年，夫人刘秉娴撒手人寰，他悲不可阻，长歌当哭，一发而作联章七绝十二首。他还常去听音乐会或看西方古典歌剧，聆听着《费加罗的婚礼》和《命运交响曲》，他常常激动得热泪盈眶……

他常称"忙"而谢绝会客，甚至拜访者到了门口，他也拒不开门。许多慕名而来的人或"拜师求教"或"一睹英姿"，有的被他用身体挡在门外，好言劝走，有的却被他冷嘲热讽地"赶走"。但是，他却常蹲路边看别人下棋，一看就是半天。

为了寻找遗失在香山上的草帽，80多岁的他冒酷暑从中关村返回香山。经几十公里的颠簸后他中暑病倒，在家躺了一个星期，而找回的却是连两毛钱也卖不出、扔了也没人捡的破草帽！生活上节俭，对自己吃穿住行处处低标准的他，在得到"何梁何利基金科学与技术成就奖"巨额奖金后，首先想到的是那些在原子弹、氢弹事业中做出过贡献，而他觉得应该纪念的人们。1996年11月，他以他独有的方式颁发了他自己设立的第一届纪念赠款：他悄悄把3万元赠给了当年的一位科学工作者，纪念她当年的几次学术报告……

桃李不言，下自成蹊。

彭桓武用终生的努力和成就成为世界理论物理学家、中国著名军事科学家。他和他的那一代科学家奋斗的事业正使世界和平保持下去，使中国屹立于世界民族之林。他的治学和为人之道影响了我国整整一代理论物理学家。他的学生黄祖洽、周光召等如今都已成为我国著名科学家。

晚年，彭桓武辞掉各种头衔，拒绝出国，谢绝领导召见，没有专车，没有权势，没有"专家"派头，有的只是虚怀若谷、荣辱不惊，有的只是蕙心兰质、自然天成。

彭桓武，一个既平凡又非凡的科学家，经历了怎样传奇而辉煌的人生？

第一章

少小离巢自学飞

"长春彭"家的"熊"

1915年10月6日，秋深夜寒，云月无光。

长春县衙的大门忽然被撞开。初透的晨曦中，旋着枯草闯进一个憨态可掬的笨家伙—— 一只熊！

熊很小，走路东倒西歪，但它浑身油亮亮的黑毛和闪烁着天真、机敏的大眼睛，把黎明前的县衙映照得无比亮丽和灿烂……

就在小熊光临县衙这天，紧随着几声婴儿的啼哭，长春彭家喜得一贵子。这个孩子早产，出生时气息微弱。为了祈祷这只熊赐福彭家，也为了寄希望于孩子像熊一样强壮，长春彭为孩子取名"彭梦熊"。

这个故事并不是后人的杜撰，而是彭梦熊匆忙来到人世的那天，母亲陈思敬做的一个梦。

彭梦熊不是别人，正是长春彭第七个孩子、后来成为中国"两弹一星"元勋的著名科学家——彭桓武。

彭桓武来到人世时，他的上面有五个姐姐和一个哥哥。他的降临给长春彭家带来了新的希望和欢乐。由于是在长春生的，长着一个圆脑袋，家里人又亲昵地唤他"长生"、"和尚"。

彭桓武没有像父母期望的那样，身体一天天强壮起来。相反，疾病陪伴了他整个童年，甚至一生。与父母及家人愿望相悖的倒是他的"熊"脾气与日俱增地大起来。

直到两岁多，他还不会说话，却能做简单的算术题，且对数字颇感兴趣。等到学会了简单的词汇后，他说得最多的一个字是：不！

母亲唤他洗脸、换掉脏衣服，或者让他递样东西，他常常回答："不！"每一次理发更是让母亲伤神动气，除了说一堆好话外，还要满屋子追着他跑。常常是几个哥姐围追堵截把他按住了，先剃掉一缕长发，使他不剃已无法见人，他才肯坐在凳子上妥协就范。

童年的彭桓武性情孤傲，从不见客，衙门里无论走进多么高贵的客人，即使强被父亲唤去，他也是板着一副面孔从不说话，更无什么客套。

彭桓武不仅被动躲避，还主动"进攻"。一次，他将父亲的书房木墙掏了一个不大不小的洞，然后依次放进小煤块、木柴屑、纸，并划着了火柴。不一会儿，书房里烈焰熊熊，狼烟滚滚……待大人们将火扑灭后，长春彭的许多文件、书籍已被燃毁。

对于这样的战绩，彭桓武仍然不满，他寻找进一步"进攻"的目标，积蓄力量等待更佳的时机——彭桓武改变策略，改变方法，甚至改变对象，做出了令全家人震惊的异常举动。

一天，他避开全家人的目光溜进厨房，他幼稚的心里只觉得自己被一家人抛弃。他举起菜刀砍向自己……结果，彭桓武被母亲结结实实地揍了一顿，并罚跪几个钟头。这是他第一次挨母亲的打，也是一生中唯一的一次。

彭桓武长到能够用语言完整、准确地表达思想时，首先就是挑别人的毛病；他把握语言的逻辑性越强，这种挑别人毛病的欲望便越强烈，每次到了后来，便引得一家人不愉快。母亲陈思敬往往是他攻击的对象，也是受他伤害最多的人。陈思敬由于没有文化，几十年操劳家务、拉扯孩子，说话免不了琐碎、枯燥，甚至词不达意。童年的彭桓武常抓住母亲说话的漏洞和疑点不放，与母亲争辩，论短说长，有时是据理力争，有时是胡搅蛮缠，常惹得母亲伤感悲凄，甚至痛哭流泪。

一天，彭桓武被母亲叫到身边。

母亲说："咱们订个君子协议：如果你一天不向母亲发脾气，没惹我生气，就给你4分零花钱；如果发脾气了，就扣你8分钱。"

彭桓武挺高兴，因为这样就可以把得到的钱积攒起来去买他喜欢的小人书和围棋。

面对这只桀骜、孤僻、常干出有悖情理之事的"熊"，长春彭放弃了要改变他的打算。

俗话说：3岁看小，7岁看老。然而，在彭桓武远不到7岁时，决定他"老"的基本特质就已经在他身上显露出来，无法剔除，更不可更改。

长春彭不愿承认，但又不得不承认：这个儿子太像自己、太像他的母亲啦！

"长春彭"是长春人民对长春县知事——民国第三任长春县县长彭树棠的尊称。

彭树棠，字华清，1873年出生，湖北省麻城县王岗乡蔡家田皖人，晚清举人，20岁时补博士弟子员，肄业于两湖书院。1897年春，湖广总督张之洞选派高才生留学日本，彭树棠被选派赴日本早稻田法政专科学校学习。回国后任湖北省师范庚壬堂监学，后调任自治局课长、学务公所提调。1904年日俄战争在中国的土地上爆发，日本夺占了沙皇俄国在中国东北南部的殖民利益，吞并了辽东半岛。

东三省边务工作繁重，急需人才。

总督锡良择英举贤，调"娴熟日语、精通法学"的彭树棠任延吉边务公署参事官兼延吉开埠局座办，掌管涉外事宜。据《湖北·剑门区志》所载：彭树棠自从调延吉工作后，尽职尽责，"对延吉边界日、俄的屡次挑衅都帷幄智御，消患于无形。因此，深得边务总督吴禄贞的重用，被升任延吉通判。后来，延吉巡抚陈中丞认为彭华清人才难得，保升同知"。

辛亥革命后，袁世凯窃取大权，为争夺延吉、珲春等主权立下汗马功劳的主争派被排挤和铲除。彭树棠是主争派的干将，从这时起，他的官越当越小，到长春县衙时已连降两级。

长春县是个小城，然而在当时的东北却颇有些名气。长春县衙是个老衙门。据史载：长春于清嘉庆五年置厅，光绪十五年升府，"民国"二年改县。彭树棠正是长春改县后到这里任知事的。

彭桓武降生县衙，并没有给彭树棠带来官运，相反，后来的一段岁月却是他从政为官的最后的日子。

据《湖北·剑门区志》记载，到了1919年，吉林省长为彭树棠请功，并奖给他四等"嘉禾章"，但同时明确告知：需花钱行贿。1920年，彭树棠辞去县知事一职，从此再没涉足政界。晚年的彭树棠致力于教育和慈善事业，著有《缄心宝传》。1941年，彭树棠卒于长春。

彭树棠对儿子的影响是潜移默化的。

彭树棠为理想而奋斗——为理想而从政、为理想而弃官的精神，给童年的彭桓武留下了深刻的印象。直至77年后的1997年，彭桓武仍能一字不漏地背出父亲当时写的一首《七律·咏雪》：

> 本来明月是前身，玉骨冰肌别有真。
> 百尺寒光能彻地，一毫余热不因人。

方圆自在都无相，潇洒风流总出尘。

何事洛阳裘万丈，袁安原不厌清贫。

诗中提到的袁安曾一次弹劾用钱买官的二千石官员达四十余人。这首诗是彭树棠切齿"一斛凉州"腐败政治的灵魂写照。

彭桓武从母亲陈思敬那里继承的东西远比学习父亲的更直接更具体。

母亲是个半大脚女人。当年她为脚趾的自由，晚上放足，白天敷衍瞒过父母，这便是她最初的为自由而斗争的行动。嫁到蔡家田皖彭家大院后，头几个孩子由于都是女儿，她遭到公婆的辱骂和哥嫂们的围攻，这些经历使她十分痛恨这个大家族。她把她在彭家大院遭受的磨难当作一面旗帜，时常高高举起亮给她的孩子们，以此警示失去自由的残酷后果。当所有的大孩子都外出读书或嫁人后，家里便只有彭桓武一个人时常聆听母亲的教诲。而1919年正是父亲彭树棠必须做出选择的一年：是回老家湖北麻城那个蔡家田皖，还是就在长春安家？因此，这一时期，母亲对于过去那段屈辱的日子更加切齿腐心。

彭桓武从母亲陈思敬那里学习简朴，学习最低标准的生活方式，但同时他幼小的心灵遭受到了让人难以置信的比母亲还要大得多的伤害！他并没有去过蔡家田皖，也没有经历过母亲的遭遇，但他仇恨彭家大院，仇恨大家族，发展到恨所有到县衙里来的人。

对于一个只有5岁的孩子来说，这一思想的生成无疑是沉重和残酷的。但恰恰在这个过程中，彭桓武从母亲那里学习到了为自由而斗争的浪漫主义。只是，他表现得太直截了当，太原始生硬，以至于让他的父母每天都在担心——

这个孩子能活下去吗？他依靠什么生存？他凭借什么走向社会？

童年的天国

彭桓武对人的冷漠，对烦琐礼节的冷漠，对父母教导的冷漠，使他能够集中精力全身心地去爱数字和计算。他话还说不全时，就已经展现出这方面的兴趣和天赋了。父亲教授他简单的加减乘除，只需一遍，他便能够理解并掌握。4岁上学前，他已学会较复杂的四则运算。尤其对珠算的理解和掌握，更是令几个姐姐哥哥汗颜。他在学习中另辟蹊径，每次都比哥哥姐姐打得快、算得准。

彭桓武在这上面的悟性让他的父母感到些许的慰藉。父亲彭树棠曾多次当面夸奖说："长生会读书这一点，像我。"

数字和符号对于童年的彭桓武有着超常的魔力。仿佛冥冥中从天涯海角，从缥缈遥远的过去，有一股强烈的冲动激奋着他，使他很早就理解了人类最智慧的思想，最伟大的心声——数学。最单调的数字和最简朴的符号构成了他无限的感情世界。他常常伏在桌前计算，一趴就是半天。他忘记了身边纷杂的世界，心里只有数学和符号。在数学的天国里，他就是一个常胜大将军，他驰骋沙场调兵遣将，攻克一个又一个坚固的堡垒。

1920年，彭桓武随退休的父亲搬出了长春县衙，住进长春西四马路一幢四合院里。这一年春，只有4岁的彭桓武开始上学。直到1927年，由于身体不好，他不得不断断续续地始终读小学，而不能脱离父母的照顾去读中学。在这7年当中，他上过教会学校，也读过私塾，然而，更多的时间是病休在家。病魔像影子一样缠绕着他，使他无法完整地读完一个学期。但是，即使病休在家，他也从没间断过学业。母亲为他煎药、煮饭，悉心照顾他的身体，而父亲更多的是关注他的精神。他曾在这个时期读完了司马迁的《史记》。有一年他被老师允许由上东面黑板的课升级上西面黑板的课。当时一间教室同时上两个班级的课，他常走神去听身后高一年级的课。课余，他还主动完成高年级的作业。久之，他的成绩比身后的同学还好，老师不得不提出让他转过身来正式听课。

二年级时，一天他从同学手上看到一本上海出的《小朋友》杂志。彭桓武对上面刊登的数学题颇感兴趣，于是把杂志借回家，把上面所有的题做了一遍，寄往上海杂志社。后来，他用节省的零花钱买来《小朋友》，把每一期的题做一遍，全部寄到杂志社。出乎彭桓武预料，杂志社为了奖励他，第二年免费给他寄全年的《小朋友》。彭桓武深受鼓励，更加坚信自己对数学的偏爱没错。他自觉学习，自己为自己定目标、找老师，既节省了一笔买《小朋友》的钱，又锻炼提高了自己数学解题的能力。就这样，上海杂志社为他寄了好几年《小朋友》，直到他不再是"小朋友"为止。——《小朋友》的编辑们可否知道，他们的善行为中华民族的强大和自立立下了怎样的功勋？他们关注和培养的何止是一个孩子的成长？！

1925年，彭桓武以优异成绩小学毕业，由于不能自理生活去上初中，便被迫重读高小二年级和上私塾。

命运给彭桓武及他同时代的人投下的是最残酷和最黑暗的影子。彭桓武的童年、少年和青年时代都是在这阴影下挣扎、搏斗，在时刻准备迎接死亡中度过的。在经历了"九一八"痛失家园的悲痛之后，他陷落在华北大地的逃亡路上，求生存的本能驱使他随身揣着一包足以让他死三回的砒霜。他虽有幸逃离了日本军国主义的铁蹄，却又陷入德国法西斯的魔掌……彭桓武真可谓"生不逢时"。

出生是不能选择的，身体的好坏同样也无法选择。

彭桓武出生时身体十分羸弱，父母以为他活不了多久，便给他取名"梦熊"，就是"梦想他像熊一样强壮"。可是，他除了性情、脾气像熊以外，身上再没有一点熊的影子。一直长到三四岁，他的身体仍很虚弱，四肢骨瘦如柴，只显得一个脑袋硕大无比。发烧、咳嗽随时与他相伴，从不离去。由于心脏毛病造成脑贫血，彭桓武时常晕眩倒地，不省人事。他的身体状况糟糕到了极点，因此无法像姐姐、哥哥一样去外地上学。有几次，父母亲以为他快要死了而悲痛欲绝。

彭桓武近两岁时才勉强下地走路。一天父亲把他放在地上，他接连迈出七八步，虽然走得歪歪斜斜，但令一家人兴奋激动。

可就在这时，彭桓武一个跟头栽到地上昏死过去。

一家人慌了手脚。

父亲彭树棠用食指狠掐他的人中。

母亲陈思敬则哭天抹泪不知所措。

过了半晌，还不见他醒过来，父母以为永远失去他了，甚至父亲已开始考虑他的后事。可就在这时，彭桓武长吁一口气，又懵懵懂懂地回到了人世。

后来，他晕过去的次数多了，家里人就有了经验，将他头朝下控一会儿，待他苏醒后再倒过来。这一"绝招"在他后来跟随哥哥到外地上学时常用。

毓文中学

直到1929年6月，彭桓武才在长春自强中学读上了初中。能够进中学读书，对彭桓武来说是不容易的，这当然还是因为他的身体太差。由于当时要在中学吃中午饭，父母亲担心他照顾不了自己，于是犹豫了很长时间，最终彭树棠一句话，遂使他们下定决心，送小儿子进了中学。

彭树棠说："总不能让长生读一辈子小学吧！"

彭桓武上初中后，情况并不像父母担心的那样糟糕。当然，他不会处理人际关系，和比较奸猾的同学相处不好，因此，常受这些人的欺负。

转眼到了暑假，哥哥彭梦佛从吉林毓文中学回家度假，得知他受人欺负的事后，自告奋勇对父母说："下学期，我带弟弟去吉林念书。"

彭桓武得到只比自己大一岁的哥哥的相助，终于能够离开家，去吉林毓文中学读书，这是他在人生道路上迈出的重要一步。

在毓文中学暑期补习班，彭桓武把自己的名字由"彭梦熊"改为"彭飞"。"飞"字，取自张飞、岳飞的飞，又含飞翔之意。虽然只是个名字，却可见彭桓武这时对张飞的自然洒脱和岳飞的精忠报国精神崇尚至极、景仰至极。

到了毓文中学，彭桓武才认识自强中学的保守——自强中学不允许他转学，不给开肄业证明。毓文中学则很开明，根据彭桓武暑期补习班的优秀成绩，收他插入初三学习。

初次离家，彭桓武想念父母，想念长春那个小四合院，他常对哥哥提起父亲领着他们逛公园的情景。哥哥十分理解他：他的乐趣并不在逛公园本身，而在拿着门票可以得到一小盒冰激凌。

为了帮助彭桓武尽快适应新生活，哥哥常变戏法给他看。哥哥能从手绢里变出彩条，能从帽子里变出鸡蛋。每一次，总把彭桓武逗得前仰后合，他才罢手。

在彭桓武眼里，哥哥是个快乐能干的人。父亲就曾多次说过，两个儿子一人是他的一半：哥哥会办事，他会读书。彭桓武则认为：哥哥既会办事，又会读书。彭桓武的童年是在长春县衙和长春彭家小四合院度过的。当哥哥在读《走出象牙之塔》

时，他还在念私塾，读四书；当哥哥走上街头，汇入滚滚洪流，抗议《田中奏折》，反对修建吉会铁路时，他却不断经受病魔带给他的痛苦，而更加关闭自己的心扉……此时开始的新生活，让彭桓武耳目一新、终身受益。

开学后，哥哥在丙班，他被分在丁班。不久，哥俩便显露出数学方面的天才——哥哥的数学在丙班第一，他的数学在丁班第一。

哥哥虽然只比他大一岁，但处处关心照顾他。彭桓武插班后被安排在与哥哥同房间住。房间很大，兄弟俩的床铺没有挨着，但收拾床铺、洗衣服等活儿全由哥哥包了。按照学校规定，每学期开始学生的伙食费就必须全部交齐。然后学校拿这笔钱去做生意，连本带利又都放在学生伙食上。这样，虽然交的钱不多，但伙食还不错。彭桓武在这里心情愉快，精神专一投入学习。平时的其他消费则由哥哥代管，只要彭桓武提出要求，哥哥则全部替他办到，这省去了他许多精力和时间。毓文中学是一所富有朝气的学校。当时学校里共产党的地下党员很多，爱国思潮非常高涨，师资力量也很强，教学方法灵活而科学。

彭桓武深深地被周围的爱国主义思潮激励着，他将病弱的身体全部投入学习科学文化之中。

由于学校注重数理化，他入学后不久，一跃成为全班第一。他还选读解析几何、旧制师范英文等课程。这正好发挥了他的特长。他腾飞了，成了班里、年级里的龙头老大。他再也不是自强中学那个灰溜溜的第二十几名了。同学们对他十分的喜爱和尊敬，对他自觉、刻苦的学习精神，主动求教、勤于思考的学习方法更是钦佩至极。

担任数学课的高老师来自南开大学。他的教学方法培养了彭桓武专攻难题的积极进取的精神。当时采用的是代数、几何、三角混合的教科书。每堂课的前后几分钟，高老师综述上堂课和本堂课的要点，中间几十分钟讲新课。他讲课逻辑严密，推理清楚，时间的掌握也恰到好处。尤其考试，高老师的方法更是特别。他每次总是出5道20分的题和2道60分的题，任学生选做。彭桓武每次都选做2道60分的题。攻克难题需要时间。有一次，彭桓武利用老师收考卷的时间差才得以将题全部做完。解难题给他带来巨大的乐趣。这乐趣激励着他在自然科学领域不断探求真理。

在这里，他第一次接触物理，并从此与物理结下不解之缘。教物理的杨老师来自北大。他的讲课却是另一种风格。有一次，杨老师讲透镜。书上有个透镜公式：

$$1/f = (n-1)(1/R_1 + 1/R_2)$$

这个复杂的公式表示的是：焦距的倒数等于两面透镜半径的倒数之和乘以玻璃的折射系数与1之差。

彭桓武原以为物理上的公式都是整理实验结果得出的。他感到奇怪："怎么会得出这么复杂的公式呢？"百思不得其解之后，他只好到杨老师宿舍去请教。杨老师拿出自己在北大用过的一本厚厚的普通物理英文教科书，指着图给他看，说："这里有解释。"彭桓武向杨老师借了这本书，并答应三天后还。三天里，彭桓武看懂这公式只需要实验得出的折射定律便够了，其余都是已学过的三角、几何、代数的运算。他将这一难题解出后，则充分利用时间看书中其他部分。这件看起来十分偶然的事情，却是彭桓武后来成为我国理论物理学家的必然的起点。这件事使他受到深刻的教益：一是他认识到了理论的作用，这实际上是他一生中第一次接触物理理论。他认识到理论和实验一结合，再复杂的难题也迎刃而解。二是他的英文在这时经受住了考验，为他后来上清华及出国留学打下了坚实的基础。三是他看到了一个典型的启发式教育的积极效果。

彭桓武对理论和实验的关系有了新的认识，由此初悟了物理和数学的关系；物理探索事物的奥秘，数学则是奇妙的工具。

如果说，在此之前，彭桓武的天国里尚有"说岳""三国"及"孟子"的一席之地，那么，从这时起，彭桓武已深深地被物理所吸引。他不断地主动提问，从老师那里学习前人的智慧。他深知，如果不主动发问，即使大师级的人物在身边也学不到新知识。

对于文艺新思潮，彭桓武不能适应更高要求，他只能完成指定的阅读物。

1930年的冬天格外寒冷。一连几场大雪覆盖了东北大地，覆盖了长春县城。

长春彭家的小四合院里，兄弟俩怀着极大的热忱正在做一项试验。

就要过年了，彭桓武很想有一只能够飘飞的氢气球。于是，他跟哥哥一商量，决定自己动手制氢气球。

彭桓武找来两节放在窗台上的废旧干电池，哥哥出去弄了点硫酸，兄弟俩关紧门开始工作。

陈思敬和五女儿楚惠守在房门口等待兄弟俩的好消息，彭树棠也饶有兴趣地等候佳音。

三个人等了许久，不见动静，正想推门而入，忽见兄弟俩躲避瘟疫一般破门而出。跑出去老远，彭桓武还在大喘粗气，并不住地说："臭死了！臭死了！"

众人果然闻到一股臭鸡蛋味，纷纷掩鼻逃避。彭树棠走进房间，见儿子们的试验桌上溢满泡沫，他笑着鼓励儿子们别泄气。

彭桓武和哥哥满腹狐疑地将他们的试验物品搬到院子里埋进雪堆之中。这次试验虽然失败了，但它激发了彭桓武对实践与理论结合的极大兴趣。按照理论，他们的试验没有错，应该得到一些氢气，而不是臭鸡蛋味。可是，实验结果偏偏没有证实理论的正确，难道是理论存在着错误？寒假结束重返学校后，彭桓武在化学课上听老师讲课才终于明白，他和哥哥制备的并不是氢气，而是硫化氢气体。因为他找来的干电池在室外已放置多日，锌皮表面已被煤烟硫化。彭桓武真后悔当时没有用砂纸磨掉锌皮表层的硫化部分。

寒假里，彭桓武和哥哥还做了一个试验。他们用软铅笔芯做炭棒，放在玻璃管中通电，看弧光一闪后，管黑弧断。

寒假中，彭桓武还自学了德语。他去自强中学请王老师教他写英文信，并从日本东京丸善书社买来《德语会话语法》的英文教科书自学。

　　吸引彭桓武的不仅仅是小科学试验和德语语法，还有前人的科学巨著。在这短暂的寒假里，他读完了哥哥买来的达尔文的《物种起源》和汤姆生的《科学大纲》。巨人们智慧的灯塔照亮了这个14岁男孩的心扉。许多天里，他把自己关在房子里，与科学家们一起跋涉在崎岖的科学山路上。

一年里连升三级

　　1930年仲夏，初中毕业后的彭桓武跟随父亲和哥哥从长春来到北平求学。彭树棠为了保障孩子们读书，在东皇城根一片简陋的居民区中租了间公寓和孩子们住下。不久，彭桓武先后考上北师大附中高一和汇文中学高二。哥哥梦佛考取第一中学高一。

意气风发的少年
彭桓武

　　彭桓武决定上汇文中学高二，理由是汇文中学有漂亮的绿草坪和网球场，在考试期间他已经找好了打网球的伙伴。父亲和哥哥为他的"能干"而欣慰。

　　10月，母亲去世，彭桓武休学回家。彭树棠鼓励儿子自学，想以此来弥补儿子"不会办事"的缺陷。

　　彭桓武这次休学在家待了两个多月。这两个多月里，他自学完了英文版的达夫物理学和一本微积分。他每天过得都很紧张和充实，身边有他爱的父亲和五姐；丧母的悲痛渐渐缓和下来，他的情绪安定了许多。当他再一次返回北平时，他认为自己应当老实一些，安心学习文化知识，于是取张飞和岳飞字号的中间字"桓"和"武"，改"彭飞"为"彭桓武"，考入大同中学高三下学期。

　　大同中学虽然是所商业色彩比较浓的学校，即只收学费发文凭，而对学生上不上课则不过问，但教授彭桓武主课的几位老师水平却颇高。这些老师大都兼职，按钟点计报酬。教授数学课的崔老师是北京大学毕业生。他所上的每一堂课总让彭桓武有新的惊喜和发现，最后的两堂课，他甚至还讲了立体解析几何的入门知识。当时，多数学校不教授这部分。教物理的张老师是北大预科的物理老师，他博学多才，讲课时声情并茂，即使讲解一个非常简单的公式也绘声绘色。彭桓武如饥似渴，奋力畅游在知识的海洋之中。

　　这半年的国文也只上了一篇屈原的《离骚》。

　　然而，国文老师深厚的文学功底却让彭桓武钦佩不已。《离骚》洋洋洒洒气势磅礴，情感哀怨，抒发了屈原一片报国之心却遭小人陷害而被放逐的忧愤不平。通篇文章表现的是作者报国的志向、高尚的情操和对逆境的抗争。

彭桓武对屈原忠直而遭放逐愤愤不平，更加痛恨"黄钟毁弃，瓦釜雷鸣，谗人高张，贤士无名"的混浊世道，更加坚定毕生投身于自然科学的志向。

彭桓武上大同中学除了拿文凭外，还有一个目的就是打网球。这一时期，他的网球有了长足的进步，而且象棋也学习得颇为精深，一有空，他就蹲在路旁看别人下棋。

一件非常偶然的事情必然地决定了彭桓武的命运。在一年里完成了三年的高中课程之后，他面临的是一次更加严峻的考验。

清华梦

1931年春，在大同中学上高三的彭桓武结识了一位四川籍姓陈的同学。由于陈常去彭桓武所住的公寓打电话，他们成了朋友。

一天，陈邀彭桓武陪他去清华大学看老乡，彭桓武答应了。没想到，这竟是彭桓武人生路上的一次机缘。

彭桓武和陈骑着毛驴向清华园走去。

毛驴的铁蹄踏在土路上发出"扑扑"的响声。彭桓武坐在毛驴身上，身子时上时下地颠动着，大路两旁的麦地和坟茔也忽上忽下地晃动着。他无心观赏身边的风景，心儿早已飞到了他尚且十分陌生的清华园内。

说来奇怪，彭桓武此时并没有想到去报考这所学府，而只是想看看这所大学到底是个什么模样。

才进清华校门，彭桓武被一片青青的草坪所吸引。

这片草坪位于清华大礼堂前。它平如毯、绿如茵，在这初春时节泛着油亮亮的光泽，透出青春蓬勃的活力。它在少年彭桓武眼中就如森林一般葱郁挺拔，如海洋一样辽阔壮观。

绿色是青春的颜色，绿色象征着生命、和平。这个15岁的少年热爱绿色，热爱生命、和平。他决心把自己的命运和这绿色融合在一起。他决定为了实现未来飞翔的梦就从脚下这绿草坪上开始蹒跚而行。

当听到他要报考清华大学时，陈显出异常的激动和兴奋。陈详细介绍几个大学的情况后，敦促彭桓武去买《投考指南》。陈当时也正雄心勃勃复习功课准备投考这所学校。

距考试时间只有4个月，彭桓武为自己制定了一个周密的复习计划：数学、物理、化学及附课各复习一个月，并买到《投考指南》，认真做上面历届的每一道考题。

为了有十分的把握，彭桓武同时报考了北京大学。

距考试的日期越来越近，彭桓武能够听到时间老人急匆匆的脚步声。他以惊人的毅力，一边同时间赛跑，一边同病魔做斗争。这时期，由于冬季没有棉衣穿，加上公寓没有取暖设备，且窗户没有玻璃，他患上了严重的风湿性关节炎。

祸不单行。北大考试的那一天，彭桓武腹泻严重，终因连从床上爬起来的力气也没有而失去了考北大的机会。

病情稍有好转，彭桓武走进设在沙滩北大校园的考场，支撑着身体考完清华大学的全部科目。

发榜当天，彭桓武上街买了份报纸，在一片密密麻麻的100个被录取人名单中，他从左看到右，从上找到下，竟然没有看见"彭桓武"三个字！

彭桓武落榜了。

遗憾和失落很快被新的奋斗目标和学习计划所替代。彭桓武决定过完暑假再回他高二时的学校——汇文中学上高三，来年再投考清华。他不相信那绿草坪会抛弃热恋爱戴她的人，不相信他的清华梦就这样烟消云散。

第二天，彭桓武轻松地出现在网球场上，和同学打网球。

几个同学围上他，向他道喜祝贺，并要拉他下小饭馆，让他请客。

彭桓武知道同学们是想安慰他，可几番议论过后，彭桓武半信半疑地听懂了一个主题：他考上了清华！

彭桓武匆匆忙忙回到宿舍，在垃圾篓里找到那张被他扔掉的报纸。从左至右，从上到下，他一个一个名字仔细查看。

终于，他看见了"彭桓武"三个字，而且竟是第七名！

原来，报纸是竖排版，他的名字分别被刊在两行里，一上一下，稍一匆忙就被遗漏过去。

彭桓武的眼睛潮湿了。他坐在桌前，很想痛痛快快哭一场。

他想把这消息告诉母亲，可没有邮差传递；母亲的在天之灵假如有知，当含笑九泉啦！

彭桓武怀着感激的心情给父亲写了一封长长的信。在信里，他回顾自己的童年和少年在家庭及学校中，受到父亲、兄长、老师和朋友陈的帮助指导。这种崇高的感情纯洁了他的灵魂，并伴随了他一生，激励了他一生。直到他80多岁时，还不辞辛苦应邀到许多大学演讲或撰文发表，多次提及他对他们的感激和爱戴。它是这位老科学家的财富，是他后来的人生道路上的营养源。他从这里得到智慧和力量，从这里学习治学和为人，从这里出发，去迎接更险恶的环境、更艰难的工作和更纷乱的事变。

第二章

清华六载登堂座

阴霾笼罩下的日子

1931年9月初，彭桓武以一个正式学子的身份跨进了清华大学。

清华园则以葱茏的草木和博大的胸怀迎接了这位物理系的新生。

清华园是一幅天然的风景画。大礼堂前的阜坪宛如一片绿茵。玉泉山的泉水流经"清华园"牌楼前的横沟，潺潺有声。大路旁的龙爪槐如一个个大盆景装扮有序。小径旁则柳树参天，烈日下给行人送几许清凉。"工字厅"引人入胜，花繁木深。土丘上草木葱郁，异石累累……

没有来得及细看这优美的景象，还沉浸在初入清华的幸福之中的彭桓武，突然在9月的一天，看见几个同学抱头痛哭。他不明白发生了什么事，心中不免讥笑他们。仅过了几小时，他惊闻已经发生的"九一八"事变，才记起那几个痛哭的同学原来都是东北人！

哥哥彭梦佛从四中赶来找到他。兄弟俩在这突然降临的灾难面前用不同的方式表达他们对国破家亡的悲凉和对日寇的仇恨。

哥哥说："我要去当兵，我要当飞行员，用炸弹炸死日本这群王八蛋！"

彭桓武说："我身体不好，没有办法上前线打仗，但日本人来了，我决不会当俘虏。"

彭梦佛说："就是战死，我也要把日本鬼子赶进日本海去！"

彭桓武说："哥哥你放心，我就是死了，也不会让他们抓住我！"

失去家园和亲人的兄弟俩抱在一起哭了。

彭桓武自知自己缺少的正是哥哥身上的那股豪气、阳刚气、英雄气。在民族和国家遭敌国欺辱侵略时，他作为一名有志青年当挺身而出，拿起枪杆子和敌人斗争。可是他无法履行这些义务。他陷入痛苦和迷惘之中。

哥哥安慰他说："上前线有我，你安心读书，把身体养好，否则，日本人真要来了，你就真的跑不动了！"

彭梦佛是一个爱国的有志青年。他高中毕业后，于1932年果然去上海投考国民党笕桥航校，在复查时，由于眼睛不合格而被淘汰。此后，他又去南京报考国民党中央军事学校——黄埔军校，并以优异成绩考入炮兵专科，后在洛阳与日本军队激战中光荣负伤。

紧接着，清华大学所有学生停课三周，开展各项军事训练。

第一天，彭桓武很早就悄悄爬起来，穿戴整齐后等待出早操。他想经过三个星期的训练使自己身体壮实点。

集合哨声才响，他已经站在草场上准备出早操了。

同学们到齐后，老师吹哨，全体同学开始跑步。队伍从体育馆出发，才跑了两步，以往的那种感觉又向彭桓武袭来：头晕、恶心、眼前发黑……又跑了两步，他一头栽倒在队伍里，几个同学也随之扑倒在他身上。

彭桓武被老师和同学们抬进学校医院抢救，医生确诊：心脏瓣倍频引起脑贫血。

彭桓武被明令禁止激烈运动。三个星期的军训操练，他只好坐在太阳地里看。

窘迫的现实，逼着彭桓武在看时思考下一步自己应该怎么办。

他想：中华民族的命运需要哥哥一样的有志青年去浴血奋战，同样也需要立志科学的有为人才。我要把身体养好，要完成学习计划，读大学对我应当是第一位的。

彭桓武为自己制定了四年的学习计划。由于已经读过汤姆生的《科学大纲》和达尔文的《物种起源》，及其他许多商务印书馆出版的书，对于科学的体系已有了大概的了解，并且能够确定哪些课程简单一些，哪些课程复杂一点。他刚一入学就将四年的选课表统统拿来，根据繁简、深浅和近期远期之间的关系，统一选择安排四年所应修读的课程，制定出整整四年所应达到的目标。自然科学课程中，他只选物理和化学深入学习，数学只是去旁听并不选课。但他并不因为只是旁听而放松对自己的要求，听完课他总是主动做习题并交给老师。第一次交时，姓杨的老师怕给这个少年增加压力而执意不收。另外，彭桓武还选修了一门比较轻松的课程——社会学。他本打算还选修解剖学，他深知对于生物学来说解剖学是至关重要的。这一计划后来由于种种原因没有落实。

彭桓武对于学习科学知识有自己的见解。他认为只要深入地学好一门课，那么推而广之，再学相近的科目就也能达到相当深刻的程度。深与广是学习中相辅相成的两个侧面。

受到来自精神和身体双重打击的彭桓武，由于强烈的民族自尊心和爱国思想，在心理上他能够尽快地把失去家乡的痛苦化作对日本侵略者的仇恨，化作在自然科学领域自觉钻研和学习的动力，从而为一个旧世界的灭亡、新中国的诞生而积极积蓄力量。然而，他的身体却如一只破船载不动他雄鹰一般飞翔、巨轮一样远航的理想。

彭桓武同时患有严重的关节炎、消化不良、神经衰弱等病。关节炎已使他疼得不能走路。他每天勉强下地，左脚跟挪到右脚尖，再右脚跟挪到左脚尖，一脚一脚地量着到教室的路去上课。大学里教室之间很远，下了课就往下一堂课教室赶。尽管他总赶得一身虚汗、气喘吁吁，可赶到教室还是已经上课了。

有一天，在学校阅览室，彭桓武看到一本英文版的《家庭医生》。他第一次根据医书为自己治病。书上说吃饭前看舌苔颜色，然后决定饭前15分钟是否喝点热水。他认认真真地每次饭前在镜子前察看自己的舌苔，然后为自己开药方：是否喝点热水。同时，他也遵照医生叮嘱，多吃豆腐、鸡蛋、菠菜，后来仔细到做鸡蛋时将蛋清和蛋黄分开加热，因为蛋黄加热时间长，而蛋清加热时间短，这样就能做到尽可能不损失营养。他坚持每月为自己查一次营养成分情况，根据欠缺的项目而决定补充什么。

中国有句古话：不为良相，必为良医。彭桓武在其后面又加了一句：不为良匠，必为良师。做工匠恐怕不可能了，他主动动手，结合实际做一些小试验，也是为将来做准备。果然，"良师"的理想在他清华研究生生涯结束后即得到实现。更可贵的是，在他后来即使参加国防尖端科学攻关的那些岁月里，他仍然身兼数职到清华、北大、科大教书育人，就在他80多岁后，还不辞辛苦到上海复旦大学等地讲学授课。

跑、跳及一些激烈的运动不能参加，彭桓武以国术代体育，他为自己选择了几项较温和的运动，如拳术、刀术、棒术等。

在彭桓武不懈地努力下，他的身体一天天好起来，到一年级暑假时，他已经能够重返网球场，和同学们一起打网球了。

强身健体，不单单使彭桓武拿到了体育学分，更重要的是使他再一次认识到身体的重要性，认识到要想为祖国强盛做贡献，必须先有强健的体魄。

清华骄子

"享水木之栽培，发青春之乐趣。"

彭桓武入清华如鱼得水。他以最大的努力畅游在这所高等学府科学知识的大海之中。

二院的一间普通学生宿舍里，彭桓武与徐贤修、张明哲、李长之同住。徐贤修是数学系的学生，后担任过"台湾清华大学"校长。张明哲是化学系的学生，后来也曾任过"台湾清华大学"校长。李长之是文学系的学生，当时在报纸上常发表文章。他发文章有个诀窍，就是跟鲁迅先生辩论，这种文章寄到报社就给发。

彭桓武是物理系的学生，才入校即成为系里的佼佼者，并引起师生们的关注。他与王竹溪常常被老师提及，引起同系和低年级许多同学的尊敬和仰慕。多少年后，人们提起当年物理系的"清华四杰"，仍然感佩万千。这"四杰"是王竹溪、彭桓武、林家翘、杨振宁。这"四杰"，每一杰都是一面旗帜，吸引着爱国奋发学习的青年。

从小就热衷思考难题、攻克难题的彭桓武，这时已经能独立地提出一些有创造意识的问题，并能够结合自己所掌握的知识多途径思考问题，分析比较，选择最有希望的一条途径解决问题。这便是十几年后他领导和参加的我国国防尖端科学技术理论攻关工作中最见成效的工作方法之一。这一治学方法是他大学时代就已形成并初见成效的。

大学一年级，一次普通的物理课后，彭桓武有所感触，在教室过道里对同学说：“电子也应该有大小。”物理老师恰巧路过，听到他的议论颇感惊讶，便把他叫进办公室详问为什么。

彭桓武严格遵循着他主修物理、选修化学、旁听数学的学习计划，除了按时完成作业和写出实验报告外，努力博览群书，开拓视野，丰富学识。每次进书库选书，他都抱出厚厚的一摞，有自然科学的，也有社会科学的；有的书他只做浏览，有的却十分认真地读，并做大量笔记。他的每一天都是在紧张而又有秩序中度过的。

最有趣的是他学习心理学的过程。有一段时间，他找高年级同学晚饭后一起散步，一边散步一边聊天，向这位同学请教关于心理学方面的知识。这位同学详细讲解当时心理学各流派的代表人物和代表著作。彭桓武将这些代表作一一借来阅读，书读完了，他也了解了如格式塔心理学、内省心理学、弗洛伊德心理学、行为心理学的基本观点和方法，心理学也就算学了。

彭桓武在上中学时为了那个透镜公式是如何得来的而主动请教老师，已经让他尝到了主动学习的甜头。他自觉求学的精神在这所大学里得到更加光大和发扬。这时期，彭桓武选学了德文作为第二外语，可念了一年半还没有作文。原来，教德文的老师是外国人，不懂中文，是通过英文教德文。彭桓武就主动练习德文作文，自己出题目，在练习簿上左面写德文作文，右面写英文作文，以便让老师批改。而第一篇作文是给这位外籍老师的一封信，信中他恳切请求老师教他写作文，并表示他将不定期地练习德文作文，请老师批改。经过他主动求教和学用结合，既提高了他德文作文的能力，又提高了英文作文的水平。

彭桓武在清华园能够茁壮成长，除了得益于他自身的优良品质外，还得益于健康向上的环境。这个环境是由自然的和社会的两个方面组成的。最令他喜爱的是清华园图书馆、体育馆、网球场和那片绿茵一般的草坪。他最熟悉的是学校食堂、医务室、美丽的校园及圆明园。稍有闲暇，他便独自或约伴去圆明园游逛。高大的明柱、废墟上的残垣断壁，在他眼前似乎还燃烧着烈焰，翻卷着黑烟……每去圆明园，必激起他强烈的爱国之心和强国富国之志。彭桓武自觉地从这里汲取精神的营养，在他尚属少年的岁月里，就立志不仅要做自然科学的骄子，他首先并永远是祖国的儿子，是中华民族的儿子。

在清华园，彭桓武受益最大的是来自许多著名学者和教授的指导和鼓励。最令他感佩的是吴有训先生、叶企孙先生和周培源先生。

二年级时，一天，叶企孙教授把彭桓武叫到身边说："你的

1935年，彭桓武毕业于清华大学，获理学学士学位

英文不够好，要努力赶上。"

彭桓武马上订购《英文周刊》补习英文，并抓紧一切空余时间自学。

大学三年级是彭桓武最紧张最见成效的一年。至此，他虽然已经得知东北的父亲和五姐安然无恙，但他仍然不能回长春。东北——生他养他的地方，此时已仿佛如异国他乡一般遥远，日寇的铁蹄正一步步践踏着华北大地。

彭桓武对学习更加刻苦，从早晨起床到晚上睡觉，每一天他都安排得非常仔细，细致到连5分钟的空余时间也没有，甚至，每天上厕所的时间、吃饭喝水的时间，也都被他严格规定。因为他深知：由于一年级他花费了大量的时间治病养病，二年级已经过去，那么，三年级自然就被推到最重要最关键的地位。这一年，他像加足了油的机器一样运转着。这一年，彭桓武的学业取得了惊人的成功——年底考试他门门功课都是优秀。

毕业论文的导师是周培源先生。周先生早就注意到这个身体虚弱，但功课优异的少年大学生。四年级时，周培源先生对彭桓武说："你物理基础好，且偏向理论，去听我开的课吧。"彭桓武遵从周先生的教诲，每次都赶去听先生讲授《广义相对论》，这使他受益匪浅。他毕业论文的题目是：《地球上单摆的摆动周期是多少？》

周培源先生是我国著名的科学家、大学者。他在清华大学任教多年，可谓桃李满天下。他后来做了彭桓武读研究生时的导师，并指导彭桓武考取英国留学，为彭桓武选择了马克斯·玻恩为导师，这为后来彭桓武学成回国参加祖国建设，领导和参加核武器的研究和制造做出了决策性的贡献。

长达50年的疑惑

彭桓武对自然科学抱以极大的热情和关注，同时也广泛涉猎其他学科。对于文学，他最喜爱中国的古典诗词，尤其唐诗、宋词及楚辞中许多名人名篇他都能背诵如流，并说出它们分属的流派和风格。这也许是由于自小受父亲彭树棠熏染的缘故。他对哲学也有着浓厚的兴趣，尤其喜爱中国古代哲人们的著作。二年级暑假，他泡在学校图书馆里遍览先秦诸子，从中汲取前人的智慧和力量。诸子中，劝学解蔽的《荀子》以其注重创造、与天地参的思想，甚获彭桓武的心。他甚至动笔整理了一份

《荀子》提纲，并写下许多自己的见解。手稿保存了好些年，遗憾的是在后来逃避战乱的旅途中丢失了。

这一时期有一件事令彭桓武终生难忘，这就是他旷世50年的疑惑。

从第一个暑假开始，由于不能回东北，彭桓武把所有的时间都放在了读书上，这时，他即开始攻读先秦诸子。在给父亲的一封信中，他阐述了他对刚刚看过的几句古语的认识。

古语道：道心唯微，人心唯危。唯精唯一，允执厥中。

他理解：道心指自然世界的规律，微指深奥、难测，人心指我们对自然的认识，危指难以把握其根本，精指细致，一指连贯，允执厥中指抓住两者之间的关系。他把这十六个字当成认识的理论向父亲洋洋洒洒写了好几页文字的书信。

他满以为父亲在来信中会褒奖他一番，谁知，父亲在信中竟写道："牛头不对马嘴！一个书呆子，不懂国家大事，家事管不了，国事就更不能胜任……"彭桓武对父亲的用意不甚理解。无奈，最后只道父亲不欣赏自己的"杰作"而暂时放手搁置。

直到53年后，即1985年，已是70岁的彭桓武修改他的诗词《七律·香山感怀》时，为查找一个词的出处而查《辞源》，无意翻到这几句古语，才真正领悟父亲信中的含义。原来，这便是"十六字真诀"，是帝王传给后人的训示，是讲述如何治理天下的道理，这与他的认识相距十万八千里。至此，他才真正明白是自己大错特错，才真正理解父亲的良苦用意。

彭树棠当时没有明确指出儿子的错误之处，恐怕认为指出来儿子也不懂，因为在他眼里，"不会办事"的彭桓武天生就不是从政为官的材料。令这位父亲难以相信的恐怕是后来他的"不会办事"的小儿子，居然踩着炮火，在"七七事变"前夕逃离了北平城，头一次显示出他会办事的本领。如若彭树棠在天有灵，对于这个"不会办事"的儿子后来对国家、对民族竟建立了不朽的功勋，则一定会更有万千感慨，也更加欣慰无比吧。

父与子

回家省亲不再只是一个梦想的时候，已经到了1934年的7月。彭桓武登上北去的列车，望着荒芜的田地、破落的村庄，心情十分沉重。

长春已不是四年前的长春。日本兵随处可见，他们扛着枪耀武扬威、神气十足，如行在自己家门口一样自由地往来在长春的大街小巷。

家虽然还是过去的家，小四合院也还是四年前的四合院，可家道正在衰落，邻县的田产已被卖掉而用来维持基本的家庭支出。

有一天，彭桓武被父亲叫到身边。父亲说："你已经上了大学，家里就没有你的家产了。"

彭桓武考上清华后，曾收到过父亲的来信。父亲在信上说：清华是国立大学，费用较省。此后他收到由北平商行转来的父

亲寄给他的钱果然比他上高中时还少。他知道是父亲抓住时机
对他进行戒骄、尚俭的教育，却不知还有别的原因。

父亲又说："那一套《四库全书》是你的。"

彭桓武对于家产从不奢望什么，有这一套书，他就心满意
足了。这套书有近百册，码上书架整整一面墙那么多。在家的
日子里，他亲手一册册把它们摆上书架。他想：将来有机会再
回来取。他没有想到的是，这竟是他最后一次与他心爱的书
相伴。

五姐变得比过去更沉默寡言，除了照顾父亲外，她所有的
时间几乎都用在烧香拜佛上。这自然是受父亲的影响，但同时
还有一个更重要的原因。

彭桓武在父亲彭树棠眼里仍然是个"不懂事"的孩子。彭
树棠这时的主要工作是致力于慈善事业。他多次向儿子提及过
去他当官时与日本人斗争，终于争取到延吉、珲春等主权的事，
教诲儿子热爱国家，热爱民族，不忘痛失国土的耻辱和仇恨。

彭桓武在家里住了一个月，就匆匆返回北平清华。他万万
没有想到，这竟是他最后一次回家。

四年级大考前夕的一天早上，彭桓武突然看见父亲彭树棠
走进他的宿舍。父亲叫道："长生！"

彭桓武惊讶地望着他。

父亲又叫："和尚！"

彭桓武仍然没有回答。

父亲生气地扭身要走，彭桓武一急喊出了声。然而，瞪大

两眼，面前却什么也没有。

自从母亲去世后，彭桓武十分害怕再失去父亲，回想刚才的幻觉，他感觉父亲已经到北平了，正盼望见到他，那是父亲用他的方式召唤儿子呐！

彭桓武第一次放弃宝贵的复习时间，毫不犹豫地赶往城里。

推开虚掩的大门，彭桓武走进父亲的一位朋友家。他简直不能相信自己的眼睛——父亲正坐在堂屋里喝茶！

看见儿子，彭树棠喜出望外："这么快就收到了我的信？"

彭桓武说："没有。"

彭树棠不信："没收到信你怎么知道我来了？"

彭桓武说："是心灵感应。我感觉到您来北平了，我要不来看看，恐怕连大考也考不好的。"

彭树棠眼里含着泪花，他第一次感觉他的小儿子长大了。

彭树棠问儿子大学毕业后的打算，彭桓武说："我还想上学。"

彭树棠似乎有许多话要说，可最后只说："自从你去年回家后，我看出你现在已经学会照顾自己了。这样很好，这样我就放心了。"

许多年后，彭桓武多次回忆起这次与父亲的会面，回忆着父亲的音容笑貌，才理解父亲这次到京实际是害怕他大学毕业后回家。父亲老了，固然需要儿子在身边，但残酷的现实，国破家败的现实告诫他：儿子的出路不在长春，不在伪满洲国。至于他已经老了，十分需要儿子的照顾等却只字未提。

无私而非凡的父亲。

在彭桓武的记忆里，父亲任知事时亲笔书写在长春县衙的楹联，"衙作禅堂心作佛，民为眷属国为家"，曾给他留下非常深刻的印象。

尽管彭树棠只承认彭桓武是他的"一半"，但彭桓武除了"会读书"像他之外，还有许多品格也十分像他，比如对民族的忠诚，对侵略者的仇恨，对理想的追求……彭桓武毕生都怀着感激之情面对父亲，并用实实在在的行动去实现父亲生前没有实现的理想——强国之梦。

然而，彭桓武怎么也没有想到，1935年与父亲彭树棠的北平相见，竟是他与父亲的最后一面。

炮火下的流亡之路

自1931年"九一八"事变后，日本帝国主义为了进一步侵占中国，加紧制造了一系列事端，图谋分裂中国，进而达到它霸占全中国的罪恶目的。

1935年的夏季，彭桓武大学毕业后考上了周培源先生的研究生。一年前，他已开始对广义相对论方面的研究，毕业论文就是作广义相对论。这时，他拜在周培源先生门下继续研究。周先生给他出的题目方向是关于宇宙红移与距离的关系。之后不久，周先生去美国普林斯顿高级研究院参加爱因斯坦主持的讨论班，彭桓武留在清华继续学习、研究。他每天上课、读书，准备论文，等待导师回来。

1936年，日本法西斯军部独裁政权确立，日本侵华活动日趋激烈。华北之大，早已安放不下一张平静的书桌。

日益深重的民族灾难教育着清华人，教育着彭桓武。彭桓武以"自强不息"的清华精神勉励自己，发奋读书。在十分恶劣的环境中坚定不移地走探索和理解自然奥秘的道路，为"担负起天下的兴亡"，为民族的强盛准备了丰富的物理和化学知识，掌握了熟练的数学技巧。这一时期，"他已初步形成了那不失赤子之心的天真友好，热爱自然，而又好学深思，追求真理的纯真性格"。（著名科学家黄祖洽语）

到1937年四五月间，与彭桓武同宿舍的一位同学患了严重的肺结核。这位同学病重离开后，彭桓武怀疑自己已经染上了肺病，曾一度情绪低落，不知所措。肺结核当时是不治之症，彭桓武不敢去检查。一是时局动荡，身体不好什么也干不了；二是万一查出是肺病，就等于判了他的死刑。

可是不久，彭桓武感觉身体严重不适，胸闷、气短、四肢无力等症状同时出现。权衡利弊，他终于下决心去泰山找大学的一位同学。走之前，他把心爱的网球拍和球鞋锁进体育馆自己的柜中，带上了许多书和有价值的笔记本。另外，他把一包试验用的砒霜揣进了怀里。

这包毒药足以让一个人死三回。

这包毒药是彭桓武为自己准备的。

这时的彭桓武做好了最坏的打算：假如让日本鬼子抓住，

他就把这包毒药吃下去。他自知自己性情耿介，日本人来了，他不会做顺民，早晚会被日本人杀死，不如自己结束自己的生命。

彭桓武离开北平，前往泰山。

正像彭桓武判断的那样，这时他确实染上了肺结核，只是还不太严重。泰山上清新的空气和优美的山光水色，"帮助"他把肺病"治"好了。他住在这位被分配在气象台当台长的同学处，每天从落地玻璃窗里看泰山日出，看万山翠绿，层林尽染，心中常怦然一动，为这大好河山而感动，为这自然的造化而肃然。他每天必从山顶跑下山，又从山脚爬上山顶，洁净的空气，安宁的环境，大自然给了他希望，泰山的草木、岩石和百花给他的生命注入了新的生机。

彭桓武仿佛到了尘世之外，度过了短暂的"疗养"日子。

不久后的一天，他下山办事，惊闻"七七事变"发生，才意识到泰山上的这段时光如梦幻一般永远地离去了。

日寇的炮声正从北方隆隆压过来，彭桓武向云南大学熊庆来校长发了一封求职信后，告别同学，告别泰山，南下南京转往上海。

平津陷落以后，日本侵略者为了逼迫国民党政府投降，以实现其三个月灭亡中国的战略方针，又积极筹划对上海的大举进攻。

8月13日上午，日军用大炮轰击上海闸北区，海军陆战队也随之向闸北、虹口、江湾我沿江阵地进攻。上海军民奋勇还击，

"八一三"上海抗战拉开帷幕。

13日这天,彭桓武亲眼看到日寇的炸弹落在上海市居民区和商业区。他听到的是震耳欲聋的爆炸声,失去亲人的痛哭声,眼里看到的是大火中倒塌的民房和商业大厦,血泊中挣扎的妇女和孩子……国恨家仇像熊熊燃烧的烈火,燃烧在他的胸膛。

上海也已无一日安宁,熊庆来的邀请信也已寄到了二姐家,他必须尽早动身去云南大学任教。就在收拾行李准备动身时,二姐发现了那包毒药。

"这是什么?"二姐问。

"砒霜。"从不会骗人的彭桓武如实说。

"要它干啥用?"

"被日本人抓住,我就吃了它。"

二姐盯了他半天。他很小时,二姐就出嫁了,二姐的大孩子比他小不了几岁。他还是第一次来二姐家。之后,二姐出去了一会儿又回来了,他发现那包砒霜不见了。

二姐说:"我把它埋了。"

彭桓武想:二姐把他死的路子断了。今后,他只有一条路可走,那就是活下去,还不能让日本鬼子抓住。

去云南要先乘船到安南(今越南),可上哪儿去找船呢?

一天,一个偶然的机会,彭桓武了解到一条云南同乡会联系的法国远洋轮船,正准备第二天启程运载云南老乡回云南。彭桓武找到联系人说明情况后打算买票搭船。那人说:"你把钱给我,不用买票,明天一早来就行。"

彭桓武二话没说，将钱如数付给那人。回到二姐家，二姐夫听后说："你真不会办事，你上人家当了！"

一生中的一次重要转折

彭桓武在二姐家挨过了难熬的最后一夜。第二天，如约赶到码头时，彭桓武惊喜地看见，答应他搭船的人正在岸上等他。

彭桓武跟那人上了一艘炮艇，艇起动准备航行。彭桓武忽然看见外甥朱德熊正飞跑着向炮艇奔来，手里举着他新做的西服。原来，彭桓武到上海后去裁缝店里做了身衣服，由于来不及取，外甥自告奋勇帮助他取到并送到码头。这套新衣服是他自到北平读中学以来所添的唯一一套衣服。

告别了亲人，告别了上海，彭桓武踏上了去云南的航路。

彭桓武上的是一艘法国炮艇。炮艇开到吴淞江口，彭桓武随云南老乡换乘法国运输船。船从吴淞口出发，将经过香港、海口到达海防，彭桓武将绕道安南的河内，乘火车到云南昆明。出国签证在上海已办理。然而，乘炮艇和运输船的费用却高得惊人。

在大学四年级时，彭桓武便给一年级学生批改作业而获取微薄的报酬。大学三四年级和研究生两年的奖学金帮助他搭乘外国船绕道安南，抵达昆明。

彭桓武毕生对清华母校都怀着万分感激的心情。无论他后来走到哪里，无论是在云南大学执教，还是远涉重洋追随玻恩、薛定谔，只要一想起母校，他在清华度过的六载岁月便如春潮一般涌现在他的眼前。清华园，教给了彭桓武探索自然奥秘的方法，更培养了彭桓武不务虚名、不贪利禄、兢兢业业、埋头苦干，为祖国和民族利益献身的精神。

彭桓武伫立船头，海鸥在他眼前上下翻飞，海浪拍击着船舷，他心潮难平、思绪翻涌。

华园六载，他像一颗明星闪耀在物理系的上空，令许多老师和学生瞩目、钦佩。可因战乱，他不得不提前结束学业，离开清华，走上自谋生存之路。何时才能回母校？何时才能见导师？彭桓武在心里与清华园做痛苦的告别，与勤奋而辉煌的6年大学生涯告别。

彭桓武很快便适应了航行的生活，并用在大学学习的法语同船上的法国人聊起天来。说起来连他自己也觉得奇怪，他第一次应用外语会话不是英语或德语，竟是法语。大学一年级开始，他就选择了英语为主修外语。二年级时，又选了德语。法语他只旁听了一个月的课。可偏偏此次航行登上的是法国人的船。与法国人每对一次话，他不得不先在床铺上查字典，自己先说几遍，然后再去问答。凭着他的聪明好学，航行中不但常有法国人找他聊天，而且还有人找他下棋。

船抵法国殖民主义统治下的安南海防港口，彭桓武看到法国人把守着海关，百般敲诈勒索进出关口的行人。彭桓武想起祖国也正遭日寇侵略，心中无比愤慨。

才上岸，彭桓武和许多回云南的人被华侨接上汽车，经过一段旅行后，他被送进河内市一个叫"天然"的旅店。这个旅店是华人开设的，办理接站、送站及旅行的业务。彭桓武在这里得到了比较周到的服务。

可是，河内市的萧条破败，民不聊生，让他想起正在遭受日寇铁蹄蹂躏的祖国。他更加坚信：民族要独立，国家要富强，那些帝国主义才不敢轻举妄动，人民才有真正的民主自由，才能真正地过上幸福安康的生活。

由于洪水冲毁了铁路，彭桓武在河内住了一个月。从河内出发，彭桓武买的是三等车厢票。上了车才知道，一等、二等都没人，偌大一节车厢就他一个人。其他人则都挤在四等车厢。列车走走停停，行驶了三天后，彭桓武终于到达云南昆明。

云南大学位于昆明市区，踞商山余脉之巅，前临翠湖，左依圆通山。校园内，茂林修竹，花团锦簇，环境优美，气候宜人。它在我国西南地区属建立较早的一所大学，创立于1922年12月。辛亥革命后，特别是护国运动后，为适应云南政治、经济、文化发展的需要而创立了这所学校。

1937年4月，云南省主席龙云聘请著名数学家、教育家熊庆来任云南大学校长。熊庆来一再呼吁政府当局和社会各界要重视高等教育，注重人才培养，认为"教育学术为百年大计""应予大力扶植"，尤其要重视边疆地区的高等教育事业。上任后，他即采取了改进云大的五项措施：一是慎选师资，提高学校地位；二是严格考试，提高学生素质；三是整顿校纪；四是充实设备；五是培养研究风气。

为了加强师资力量，熊庆来任校长之初，就聘任了一批北平、天津、上海等地来的专家教授任教。彭桓武正是在这时来到云大的。

彭桓武住在教授们住的二层楼房里，任理化系教员。薪水每月100元"中央票"，合当时云南1000元"滇票"。这个数字比当时云南省长的月薪还高。由此可以看出，当时在云南，高等教育确被推崇到一个很高的地位。

在云大，彭桓武结识了毕业于北平师范大学物理系的贵州人顾建中。两个人在工作和生活中结下了深厚的友谊。顾建中几乎每天晚饭后都约彭桓武到市中心街去吃甜食。他们吃得最多的是莲子羹，一块钱一碗，合"中央票"一角钱。

彭桓武虽为教员，但他教的学生中比他大许多岁的学生有七八个。他们欺他年少，常起哄闹事。顾建中挺身制止，多次教训那几个人。

顾建中住在系里的一间库房里，房中有架风琴。他多才多艺，当时不但教物理课，还教声乐。一次，两个人聊起唱歌，顾建中教他发声、运气，他学了半天也没学会，才知道自己天生不是唱歌的材料——他既听不清"哆来咪"的高低，更唱不准，每次一张口，都把顾建中乐得前仰后合。

1938年三四月间，西南联大由长沙迁至昆明，清华大学校长梅贻琦及清华许多老教授都来到了昆明。正是在这一时期，彭桓武的导师周培源先生从美国回国，也来到了昆明。

面对周先生，彭桓武十分内疚和惭愧，他说："先生，我没有做完您布置的论文。"

周培源望着这个被战争的炮火驱赶到昆明却念念不忘毕业论文的弟子，眼里涌满泪花。

不久，昆明增设了一个公费留学考场。在吴有训、周培源先生敦促下，彭桓武报名投考"英庚款"理论物理名额研究生。

彭桓武不愧是"清华四杰"，不愧是物理系的骄子，他以优异成绩考取。

可是，就在马上要起程去香港，再从香港乘远洋客轮去英国前，周培源教授对彭桓武说："你去爱丁堡大学吧，那里有马克斯·玻恩。"

第三章

天殷嘱我重斯文

走进欧洲

经过几十天的海上航行，英国"半岛—东方"公司的远洋轮船终于抵靠法国南部的马赛港，中国的又一批留学生踏上了欧洲大陆。他们将从这里乘火车过首都巴黎到达法国北部的加来，从加来乘渡船去英国多佛尔港，然后从那里去往伦敦、剑桥、爱丁堡。

走进欧洲，彭桓武和同船的其他中国留学生一样心潮澎湃、热血沸腾。他满怀一腔爱国之情和一颗报国之心，决心全力学好物理，掌握最先进的科学知识，三年后回祖国报效国家。一路上，无论是坐火车，还是乘轮渡，他都无心观赏异国的山水风光，他的一颗心早已飞到了爱丁堡，飞到了他的导师马克斯·玻恩的身边。

彭桓武放弃进剑桥大学深造的机会，而到爱丁堡大学投师玻恩，这既是周培源教授的选择，也是他人生路上的一次重要抉择。

英国剑桥大学和世界上许多最显耀的大学齐名，是英国最古老、最引以为自豪的最高学府，也是彭桓武殷切向往的地方。然而，周培源却对他说："去爱丁堡吧，那里有马克斯·玻恩。"

马克斯·玻恩是量子力学理论的奠基人之一。

量子理论蹒跚起步于1900年德国物理学家马克斯·普朗克（Max Plank）发表的一篇论文。他"天方夜谭"一般的假说认为：辐射能（即光波能）并不是以连续的形式释放，而是由一种名为"量子"的小微粒组成。这种假说与经典光学说的电磁理论相对立，因此导致物理学上的一场革命。经过许多科学大师的探索和献身、丰富和发展，使量子理论开拓和创造了一个新时代。直到今天，量子理论常常被誉为一种前所未有的最有成效的科学理论，是"以科学上史无前例的精细程度正确地描述着世界的理论"。

20世纪20年代，当量子理论的内涵开始充分显露时，一股强烈的震惊和迷惑之感在它的同时代人当中回响。量子理论不仅与19世纪经典物理学相冲突，而且它根本性地改变了科学家们关于人与物质世界关系的观点。按照玻尔对量子理论的解释，"外在"世界的存在不是自身独立的，而是无法摆脱地与我们对它的感知纠缠在一起的。

许多科学家无法接受这一理论。

爱因斯坦在量子理论发展的早期曾起重要作用，而此时却站到了反对派一边，成了抨击它的急先锋。

爱因斯坦深信：一个具有熟悉因果关系的经典世界，最终将处在量子疯人院之底下。然而，爱因斯坦最终无力驱逐这个原子中的幽灵。

世界拉开了原子时代的帷幕。新世纪的曙光照进世界这个大舞台。当物理学的戏剧从经典的一幕转向量子的一幕时，许多科学巨人出现在光芒四射的舞台跟踪灯的光环中。

1902年5月，居里夫妇终于从8吨沥青铀矿残渣中提炼出1克纯氯化镭。

1905年，20世纪最卓越的科学大师爱因斯坦提出"狭义相对论"及质量和能量在某种意义上的等同关系式$E=MC^2$。其中E是能量的代称，M是质量的代称，C是光速的代称。由于C是个很大量，等于30万千米/小时，那C^2便是一个天文数字。由此推断：即使某个物质很小，只要发生了部分转变，释放出来的能量也是十分惊人的。

1911年，英国科学家卢瑟福首先发现原子核，并提出了与从前学说不同的自己的理论。他认为原子中心有个重核，周围围绕的是电子，其余大部分是空间。

1913年，丹麦物理学家玻尔在《哲学杂志》上发表他具有划时代意义的论文《论原子和分子结构》，论文提出原子结构的量子化轨道理论，超越了在牛顿之后维持了两个世纪之久的物理学法则。玻尔原子学说从几个可以易于理解的假说出发，极其准确地解释了氢原子辐射的所有谱线（颜色）的精确频率。同时他还预示有更多的未观察到的谱线的存在，这些预言在不久就被证实了。

1919年，英国物理学家卢瑟福在他的实验室里，与英国化学家索第一道，提出划时代的原子自然蜕变理论，指出放射性现象是原子自行蜕变的过程。在这个蜕变过程中，一种元素的原子，可以转变为另一种元素的原子，同时放射出α粒子和β粒子。由于这些射线粒子都来自原子核，就进一步冲破了原子不可再分的理论，揭开了物理史上光辉灿烂的一页。

1929年，英国物理学家考克饶夫和瓦尔顿制造成功第一台"静电加速器"。

1929年，美国天文学家抽赛尔报告说有迹象表明太阳能是由氢的热核反应所形成。

1931年，美国物理学家劳伦斯设计制成第一台"回旋加速器"，通过永久磁铁中的交变电场，把原子粒子加速到极高速和极高能量。

1932年，美国化学家尤里发现氘——重氢。

1932年，英国物理学家查德威克从α粒子轰击铍核的实验中发现"中子"。中子具有极强的穿透力，可以轰开一切元素的原子核；中子的发现，标志着原子物理学开始进入一个新时代。

从此，科学家们纷纷去叩响原子核的大门，试图去释放沉睡在核内的巨大能量。德国的海森堡，丹麦的玻尔，意大利的费米，德国的哈恩，犹太籍的迈特纳女士，法国的约里奥·居里夫妇等都在经过艰苦的工作、不懈的努力之后，终于窥见原子核大门里那辉煌的铀裂变的太阳。

1935年，美国物理学家登普斯特发现铀中有0.7%铀原子属于一种较轻的同位素铀235。

1938年，德国物理化学家哈恩和施特拉普斯曼在研究中子与铀核的作用新形成的各种放射性元素中，发现了铀的裂变现象。

……

原子科学的发现，核裂变的被认识和被驾驭，拉开了原子时代的序幕。

原子中的幽灵被唤醒、复活在历史的舞台上，从此便扮演它无可替代的主宰一切的角色。

中国留学生，23岁的彭桓武正是在这一历史时期远涉重洋，怀抱一腔强国、富国之梦，登上了欧洲西部、大西洋的不列颠群岛，投在爱丁堡马克斯·玻恩的门下。

爱丁堡大学拥有200多年的历史，坐落在苏格兰首府爱丁堡老城。老城东濒北海，以其优美的自然景色和优雅的古典建筑闻名于世。地灵人杰，爱丁堡造就了一批世界闻名的人物。仅物理学史上，这里诞生了经典电动力学的创立者麦克斯韦和发明云雾室、使微观粒子运动轨迹得以观察的威尔逊。

此时，欧洲现代物理学正进入繁荣勃发时期。1926年诞生的新量子论（即量子力学和量子场论）仍是物理学发展的前沿。

对量子理论和量子力学做出了划时代贡献的薛定谔、海森堡、狄拉克、玻恩仍在继续探索，不懈努力。

马克斯·玻恩，德国理论物理学家，1882年12月11日出生于普鲁士的布雷斯劳。1901年进入布雷斯劳大学，1905年前后到哥廷根大学听D．希尔伯特、H．闵可夫斯基等数学、物理大师讲学，还应邀担任D．希尔伯特的私人助手，于1907年通过博士考试。1912年受聘为哥廷根大学助理教授，同年与T．卡门合作发表了《关于空间点阵的振动》的著名论文，从此开始了他此后几十年创立点阵理论的事业。

在先后任柏林大学教授、法兰克福大学理论物理系主任之后，玻恩于1921年接替W．德拜成为哥廷根大学物理系主任。从1923年开始，他致力于发展量子理论事业。

小城哥廷根位于德国的中部。哥廷根大学在20世纪20年代后期则成为德国物理科学的研究中心，当时大学里云集着各国的著名学者和有志青年。大学里定期召开的讨论会和晚上在玻恩家进行的私人讨论会，孕育着许多天才的思想，揭示着许多自然的奥秘。量子力学，被称为20世纪物理学革命的基石，就在这里发源。许多后来科学界的精英，相继在这里接受玻恩的传道授业，他们中的海森堡、费米、奥本海默等后来都成为世界瞩目的大科学家。

德国物理学家沃纳·海森堡是现代量子力学的创始人之一，以"测不准"关系闻名于世，提出了原子核由质子和中子组成的概念。1932年荣获诺贝尔物理学奖。

意大利物理学家恩利克·费米是世界上第一台核反应堆的设计师，他将人类领进了和平的核时代，被誉为"原子反应堆之父"。

美国物理学家罗伯特·奥本海默在量子论、宇宙射线、基本粒子、相对论、对称函数与非对称函数在散射问题中的应用以及中子星理论等方面都做了重要研究。他的最大贡献是指导美国研制第一颗原子弹的工作，有美国"原子弹之父"的美誉。

1933年1月，阿道夫·希特勒当上了德国的总理，从此，欧洲及全世界都成为这位大奸雄的掌股玩物。希特勒压抑太久的妄想主宰自由欧洲直至称霸全世界的野心在后来他一手策划的战争中得到满足。这个还没有读完市立中学、更谈不上读完大学的人，在上台后突然向投了他选票的臣民翻了脸。希特勒上台28天，就精心策划了国会纵火案，并嫁祸于德国共产党。从此，他开始实行法西斯独裁统治。霎时间，德国的法律都化为乌有。集中营设在和平的环境中，秘密审讯室设在兵营里，无辜的人们在那里没有任何法律和手续就被处死，活着的人惶恐不安，忧心如焚，度日如年。有人怀着侥幸心理，不相信那些难以置信的事。但是，就在那些日子里，人们已经看到了第一批逃难的人，他们在夜黑人静时分越过萨尔茨堡山地或者莱茵河、波罗的海，或者游过边界河逃往异国他乡。他们面黄肌瘦、衣衫褴褛，惊慌失措地盯着别人；躲避惨绝人寰的迫害的可怕逃亡就从这里开始了，后来，这种逃亡一直蔓延到整个世界。

马克斯·玻恩由于犹太血统关系被剥夺了教授职位和全部

财产。一夜之间，他成了一个被祖国抛弃的儿子。他怀着对祖国的爱，对哥廷根的爱，被迫也踏上了流亡之路。他流亡到英国，在剑桥大学讲学一段时期后，于1936年接替C．G．达尔文任爱丁堡大学教授。

彭桓武是马克斯·玻恩的第一位中国弟子。他的同学中除了英国人，还有德、法、印度、爱尔兰人，其中有两名女生。玻恩的同事中常常有人不无忌妒地戏称玻恩"专收外国人和女生"。后来参加了第一颗原子弹研制的大名鼎鼎的福克斯这时也在玻恩门下与彭桓武同窗。

彭桓武沐浴在物理大师玻恩为他和他的同学们营造的良好学习氛围中，尽情享受自然科学的阳光给他带来的光明和兴奋。凭着他的勤奋和执着，他刻苦求索，不断有新的发现和进步。

然而，英国的坏天气却要与这个从中国来的年轻人作对。彭桓武在来欧洲的轮船上，是所有留学生中最坚强的一个。几乎所有的人都被大海的浪涛搅得翻肠倒胃，呕吐，吃不下饭。他却表现出超乎寻常的适应和顽强。他不但把自己那份饭吃掉，还能吃掉别人的一份，因此招来许多人的惊慕和"妒恨"。

爱丁堡山青水蓝，从北海上吹过来的风带着淡淡的大海的咸味，大学里也有一片清华园一样的绿草地，大图书馆更是雄伟壮观。彭桓武自走进这座古城，踏进大学校门，就非常喜欢这里，热爱这里。可是，英国多雾的天气，爱丁堡没有阳光照射的日子似要和他一比高低。他越来越感觉身体不适，吃不下饭，睡不着觉，时常恶心、头痛、心慌。

有一次在图书馆借书，他一头栽倒在书架下。没有人看见他。很久，他才勉强支撑起身体，靠在书架上。

在马克斯·玻恩身边

马克斯·玻恩是世界著名理论物理学家。他谦逊随和，待人诚恳，治学严谨。虽博学多才，并在量子力学等方面取得了令世人瞩目的成就，但他从不居功自傲，在学生面前并不以一个"专家"的身份自诩。他常说："我从不愿当一个专家。"

彭桓武在玻恩身边，深刻体会到导师这一大科学家的品格，并深受导师影响。优秀的品格是没有国界的。彭桓武在玻恩身边，不但向导师学习自然科学知识，还从导师那里继承并发扬光大这种优秀品质。这一点在后来他参加我国核潜艇动力、原子弹和氢弹等工作受到党和人民的高度嘉奖时得以充分的体现。

马克斯·玻恩于1936年，在卢瑟福推荐下到爱丁堡大学应用数学系当教授。他的权利只有在他管理的图书标签上填写书籍归属时注明：理论物理系。后来，这个系也就被别人默认。而在当时，遵循英国保守的规矩，并没有人承认它。

马克斯·玻恩有教无类、广育英才的特点，从他国际化的弟子结构中可见一斑。其他教授当学生到后只见一面，给学生出题做论文，然后就等毕业再见一面。玻恩的教学与众不同，这也许正是他桃李满天下，且成就卓著者众的奥秘吧。

　　玻恩每星期定期与他的学生们见面，了解他们的学习和思想，帮助他们解决疑难问题。这使得彭桓武时常可以聆听这位大师的教诲。每个星期举行的讨论会，师生在一起用对话的形式，各抒己见，尤其玻恩亲切随和，把十分深奥的道理讲解得明晰透彻，让彭桓武眼界开阔，受益匪浅。

　　玻恩的对面办公桌前，常坐着一位年轻人，作为博士后帮助玻恩兼做一些助教工作。他就是后来参加美国第一颗原子弹研制的福克斯。

　　不久，玻恩与福克斯商量为彭桓武拟好论文方向。这个方向是关于固体量子理论方面的，玻恩并不会做。他每带一个研究生总希望他们超过自己。经过彭桓武研究探索，最终定题目为《电子的量子理论对金属的力学及热学性质之应用》。

　　彭桓武思维活跃，兴趣广泛，时常向玻恩主动提问求教。

　　一天，彭桓武问玻恩："爱因斯坦为什么要搞'广义相对论'？"

　　玻恩回答说："'狭义相对论'建立起来以后，许多人试图推广牛顿的引力理论，使之满足狭义相对论。但是，都失败了。所以，爱因斯坦创造了广义相对论。"

　　爱因斯坦的名字是与"广义相对论"写在一起的。1916年，他发表的论著《广义相对论原理》，被人们称为20世纪理论物理研究的高峰。

　　玻恩还告诉彭桓武：爱因斯坦是一位勇于创新的科学家、革新家。在"狭义相对论"提出之前，牛顿创立的经典力学理论体系已有200年的历史，其间，自然科学界很少有人敢打破这个框子。到19世纪中叶，牛顿的理论体系同新的事实之间发生了尖锐的矛盾，并出现许多难以自圆其说的现象，如宇宙结构、光电效应等。这时，许多科学家虽然都感到困惑，但他们仍然受旧理论束缚，认为牛顿的经典力学不仅是自然科学的基石，而且已登峰造极，因此是不容置疑和改变的。而爱因斯坦却敏锐地感到这正是物理学新理论产生的先兆，他勇敢地迎接了这一挑战。

彭桓武深知，玻恩导师抓住时机正给他上求实创新、不畏权威这一课。关于"理论与实验"一课，也是玻恩在回答他提问时给他上的。

玻恩在与彭桓武聊天时曾说过：哥廷根大学物理教授过去是一个人兼挑理论与实验。到聘请他时，应他的建议和推荐，将此职一分为二，由他和弗兰克分担理论物理与实验物理教授。彭桓武知道，这并不是玻恩不懂实验。他上导师家拜访时，就曾见导师年轻时做的论文一旁附的照片上，就是导师在车床前工作的情景。他还听说导师的博士论文的演示仪器都是他自己亲自设计加工的。

一天，彭桓武读莫特著的《原子碰撞理论》一书，在阅读当中碰到一个散射公式，是用波动力学求解的。波函数写成入射波与散射波的和，而散射的强度需用波函数的二次式计算，但其中交叉项则被略去，而且这些被略去的项在数量级上同保留下来的项不相上下，似乎照理是不该略去的。

彭桓武带着疑惑去请教玻恩。玻恩以光学实验为例，指出在散射光测量处，入射光因受光栅的限制不会到达那里，所以交叉项实际上等于零。非常简短的话语，却告诉彭桓武一个深刻的道理。彭桓武懂得了做理论研究一定要使理论能正确地描写实际情形，也就要求他应当正确处理理论和实验的关系，这是做学问的一大关键所在。

彭桓武在玻恩门下，如蛟龙得水。他凭着扎实的文化知识基础和聪颖勤奋，不仅游刃有余于自己的学业，而且常关心同窗的研究。在不久后发表的一批论文中，就有替别人完成的课题。

玻恩还十分关心弟子们的身体状况。当看到彭桓武一日日消瘦时，他建议彭桓武去医院检查。爱丁堡大学有很好的医科，从爱丁堡毕业的医学学士可以在大英帝国任何一所城市挂牌营业。因此，爱丁堡大学的学生享有免费到爱丁堡皇家医院看病就诊的特权。彭桓武几乎走遍了所有的科室，甚至连肺结核、花柳病都查过，可仍没找出原因。在一次检查肺部时，医生告诉他，他的肺钙化过，这就是说：他曾经得过肺结核。彭桓武暗自庆幸，一年多前怀疑自己染上了肺病，实际上是真的已经染上，是泰山救了他。在检查牙齿时，医生惊叹地说：全英国再不会有比这更好的牙啦！最后，他遵循医嘱去吃一种用酒发酵过含VB的英国甜点。

渐渐地，彭桓武意识到自己实际上是缺少太阳光的照射。没有太阳，小草、小树也会萎靡不振，何况人呢？

　　彭桓武决定利用暑假去欧洲大陆看看，一是去看看美丽的欧洲风光，二是去晒晒太阳。

大陆沉陷前的一次冒险旅行

　　1939年8月初的一天，彭桓武与在伦敦帝国学院留学的王大珩等人相约一起跨越海峡，踏上了欧洲大陆。第一站，他们到达法国首都巴黎。正在巴黎大学镭学研究所居里实验室读研究生的钱三强热情接待了他们。

　　钱三强于1936年清华大学物理系毕业后，在北平研究院任物理研究所助理员，在著名科学家严济慈先生领导下做分子光谱的研究工作，于1937年考取中法教育基金委员会公费，赴法留学。他的导师是著名科学家玛丽·居里的长女伊莱娜·居里。这时期，他已开始与导师合作参加铀和钍受中子打击后产生的镧同位素β射线能谱的研究工作。

　　巴黎，美丽的世界名城，使彭桓武流连忘返，不思归途。巴黎天空天天都见面的太阳更使他精神振奋、心旷神怡。大陆的气候远比英伦岛上的气候干燥和晴朗。几乎不认识太阳的彭桓武走在巴黎的大街上，每一步都让自己沐浴在阳光下，每一分钟都被这久违的太阳照耀着。

　　彭桓武、王大珩等人的欧洲大陆之行是一次极富冒险精神的旅行。这时，整个欧洲的上空已经阴霾密布，希特勒挑衅和复仇的疯狂烈焰已熊熊燃烧在欧洲大陆，战争的血腥气味则弥漫在整个欧洲的上空。

可是，彭桓武却决意要去德国首都柏林走走。钱三强由于工作忙脱不开身，不能陪同前往，但时局已让他忧心忡忡。透过德国和苏联时远时近的会谈，他预感到：彭桓武等人的此次柏林之行凶多吉少！

临分手时，钱三强又一次对彭桓武说："到了柏林看见我的电报就马上返回——无论我电报上写什么！"

8月下旬，何泽慧在德国柏林接待了彭桓武等人。这时，何泽慧正在德国留学，对清华大学时的学长和同学来访备感亲切。她陪他们划船，进图书馆，到戏院看戏……

8月23日，苏、德在莫斯科签订互不侵犯条约。消息传开，德国的大街小巷人人都表现出兴高采烈、精神振奋的神情。

彭桓武不懂战争，以为可以放心大胆多玩些日子了，却不知危险正以出人预料的速度向他们袭来。

第二天一早，他们意外地接到了钱三强发自巴黎的加急电报：见电速回！

彭桓武等人来不及兑换钱币，匆匆告别何泽慧，登上了西去的列车。到达法国巴黎后，他们惊异地发现，他们离开巴黎时寂静无声的巴黎大学此时已驻满了全副武装的军队士兵。

彭桓武和王大珩等人在钱三强的敦促下，买上当天的火车票赶往英国。

事后，一想起此次柏林之行，彭桓武就不寒而栗：他们乘坐的从巴黎发出的火车正是大战前最后一趟直达伦敦的车！

彭桓武从伦敦返回爱丁堡的第二天，第二次世界大战爆发啦！

英伦岛最艰苦的岁月

马克斯·玻恩带着他国际化结构的弟子们度过了动荡、恐怖和忧心如焚的1939年和1940年上半年。

自1939年9月3日，英、法对德宣战之日起，所有在英国的德国人都受到了严格的审查和绝对的不信任。作为科学家的德国人马克斯·玻恩和福克斯也不例外。在给彭桓武出完论文题目后，福克斯即被拘留在曼岛，后被转到伯明翰参加英国制造原子弹的研究工作。马克斯·玻恩虽然也被列在不信任的行列中，但这时已办好加入英国国籍手续。因此，在他已成为60岁老人的时候，免遭了被监禁的痛苦。

经历过第一次世界大战和希特勒迫害的玻恩，带着一颗破碎的心和敏锐而痛苦的目光，把全部注意力放在了他的研究和教书育人上。他克制着最不愿揭开重创后留下的伤疤——思国思乡的痛苦，从不向人说起德国，说起布雷斯劳，说起柏林，说起哥廷根。他是一个被祖国抛弃的儿子。在他深爱的祖国，他经历过一个人的生命价值比货币价值跌落得更快的时代。当今天无情的事实证明整个欧洲——已不再是某一个国家——都在遭受希特勒的残暴蹂躏时，当他听说或从报纸上看到在希特勒的统治下，大学教授们用赤裸的双手跪在地上擦洗马路、虔诚的犹太老人和妇女被拽进寺庙，被逼下跪高呼"希特勒万岁"，他的眼里就充满泪水，他的心里无比的悲痛和不安。他给自己的祖国增添的荣誉是世界性的和超越时代的。可他不得不背井离乡、寄人篱下。按他的成就和年龄，此时他应当安度晚年，尽享天伦了。可他再一次地经历了一生中不平静、不平凡的时刻。他以坚强的意志战胜心灵上的疼痛，战胜年迈和流亡，待人也更加温和，更加宽厚。

彭桓武有幸在那个宣战的日子之前回到了英国，而没有滞留在柏林或者法国，这使他在法西斯欧洲大陆的大屠杀之前得以逃生。这是命运之神第二次搭救于他。

英、法对德宣而不战，眼睁睁地看着他们忠实的盟友波兰兄弟落入希特勒的屠刀之下。转过年来，希特勒的屠刀又将丹麦、挪威、荷兰、比利时、卢森堡、法国押上了屠宰场。欧洲的天空飘扬的是法西斯的旗子，欧洲大陆、北海及大西洋刮上英伦岛的海风都带着血腥味。每一个英伦岛上的人都知道，自法国投降之后，北起挪威南迄西班牙的全部西海岸都是德军控制区。英伦岛已陷入三面被围的困境。

英伦岛上的人们走起路来更加严肃和沉重。人们眼望着房屋和繁华的街道，心里提心吊胆：法西斯的炸弹会不会落下来？

炸弹终于炸响在英伦岛上。

希特勒投向英国的第一颗炸弹扔在了爱丁堡北部海湾的佛斯大铁桥旁。

深夜，这声爆炸震耳欲聋，爱丁堡的居民被爆炸声惊醒，人们惊恐慌乱纷纷逃离居所。彭桓武的房东大婶慌慌张张跑上楼想唤醒客人。好心的英国大婶以为彭桓武睡着了，没有听见那一声巨大的轰响。可她推开门，看到彭桓武伏案工作连头也没抬一下时，她愤怒了。她吼道："德国飞机轰炸了，你怎么还坐着不动！"

当希特勒的这一枚炸弹在英伦岛上炸响时，所有的英国人及在英国本土的外国人还是震惊了：不列颠战役开始了！

在德国飞机蝗虫般狂轰的日子里，英国人民表现出前所未有的英勇顽强和团结一心。爱丁堡虽不是英国重工业城市，有幸躲过了希特勒轰炸机的狂轰滥炸。但是，爱丁堡的人民和英国其他城镇的人民一样坚定地相信：胜利一定属于正义的英国，希特勒一定灭亡。

彭桓武在这一时期，写下了他最著名的诗句：

世乱驱人全气节，天殷嘱我重斯文。

1940年，彭桓武在英国爱丁堡大学获哲学博士学位

彭桓武依然故我、超然世外地沉浸在他的王国里。尽管广播报纸每天都播发关于欧洲战场及后来英伦三岛的战况，但他在踏进图书馆或实验室或教室的那一瞬间，外面世界的恐怖和疯狂仿佛全部消失了。最残酷的事也变得抽象，最混乱的思想也变得清晰，所有的事实都服从他在学业上的安排。

彭桓武与玻恩的其他弟子不同之处，在于他经常出题给自己做。有一次，彭桓武从导师那里看到一本玻恩保存的希尔伯特关于气体的分子运动论的讲义，他把它借到手认真研读起来。

战争年代里的生活条件是极其艰苦的，气氛也非常压抑。但只要投身自然科学的微观世界中，去捕捉神奇莫测的自然奥秘，彭桓武又置身物外。

对于理论物理学家来说，首要的虽然是物理思维，但数学工具也是必不可少的。在彭桓武童年的天国里，他热爱的第一位天使就是数学。在他眼里，那些数字和公式构成世界上最美妙绝伦的图画。初中和大学时代为他打下了良好的基础，现在，他在玻恩这里又发现了他不曾涉足的新天地。玻恩早年专攻过数学，在应邀担任希尔伯特的私人助手时，常参加希尔伯特和闵可夫斯基的森林漫步，聆听他们才华横溢的讨论。彭桓武正是从希尔伯特这本讲义中学到了积分方程。数学大师不会想到，一个搞理论物理的中国学子会辗转习得他们的积分方程，并在以后的研究工作中派上用场。

1940年年底，彭桓武圆满完成毕业论文，并得到玻恩导师的高度评价，获得哲学博士学位。但是，他对自己的论文却不满意。他对玻恩说："我只做了一半。"玻恩说："如果都做了，就不能给你哲学博士，而是给科学博士啦！"

当1941年的春天到来时，激荡在彭桓武心中的只有一个声音——回国去！

从地中海、红海过印度洋回祖国的路已被战乱阻断，彭桓武打算从大西洋到美国，然后过太平洋回中国。他听说，大西洋上的德国舰艇常炮击来往客船。万一船被打沉，掉进大西洋，他救不了别人好歹能自救，或者坚持到别人来救他。总之，他一面寻找归国的时机，一面拜师学习游泳。由于目的太明确，搞得他下了水腿就抽筋，一个多月了仍然像个秤砣一样入水就沉。

学游泳失败了，可仍没有动摇他回祖国的决心。在4月的一天，彭桓武通过一家旅行社去办理途经美国的签证手续。

可是，面对旅行社摆在他面前的申请表中的条款，他愤怒了。这是每一个外国公民要得到美国签证都必须经过的一关。这众多的条款每一款几乎都表现出他们对别国公民的鄙视和轻侮。其中有一条，彭桓武要在上面承认自己的父亲"不是小偷"，这引起他极大的愤慨。父亲在他心目中永远是世界上最值得尊敬和爱戴的人。父亲当年毅然弃官为民，所表现出的品德是他同时代人罕有的。他还清楚地记得父亲的诗：

耻效群芳竞媚春，此身当与竹为林。

一朝头角冲霄出，好把青天一扫新。

　　　　零落秋风勿自蹙，富贵春芳勿自得。

　　　　此身当与竹为林，四时不改真颜色。

　　父亲集爱国、博学和智慧于一身，是他崇拜和尊敬的偶像。无论走到哪里，他为自己是彭树棠的儿子和是中华民族的后代而骄傲和自豪。在他心中，父亲象征着祖国，神圣而不可侵犯！他怎么能够在带有侮辱父亲人格言词的文件上签上他的名字？

　　彭桓武把笔一扔："对不起，我不能签，我不干了！"

　　旅行社的人很不解："只是个手续，签了字就过了。难道你不走了吗？"

　　彭桓武称美国的这"一个手续"是强盗的手续，是侵犯人权的手续。最后，他郑重告诉旅行社："我不走了！"

　　走在爱丁堡的大街上，彭桓武心情沉重，为寻找不到一条回国的道路而痛苦不堪。贫穷就会受人鄙视，弱小就要受强国欺凌，落后就要被强敌侵犯，这是一个简单的道理，一个无数次被历史证明了的真理。

　　彭桓武在心底向东方发出儿子的呼喊：祖国啊……

　　他无法克制自己，站在海湾的堤岸边，听着海水拍击着岩石，放声哭了。

　　"英庚款"就读费只能供他到8月份。从此后，他必须靠自己养活自己。他打算一边工作，一边等候时机，寻找其他的回国途径。而实际上随着12月太平洋战役的开始，唯一一条从美国辗转回国的航路也被战火阻断。

彭桓武开始了他长达6年的流亡生活。

游学爱尔兰

1941年8月，经马克斯·玻恩推荐，彭桓武到爱尔兰都柏林高等研究所做博士后的研究学者，在著名科学家埃尔温·薛定谔领导的理论物理所工作。薛定谔也是20世纪杰出的物理学家，是波动力学的创始人。

当彭桓武与玻恩告别时，玻恩说："薛定谔没有学生。"

彭桓武以为玻恩指当了多年教授的薛定谔没有带出好的能独立研究的学者来，到都柏林后，彭桓武才逐渐明白玻恩导师这句话的深层含义。原来，薛定谔深沉严密，对一个问题没想清楚前从不向别人说，想清楚后再说便都是十分严谨和正确的，

薛定谔教授

因而无从激发学生的创造性。玻恩导师是在告诫他：尽量避开老师之短，多独立思考，多创造性地做研究工作。

薛定谔1887年8月12日生于奥地利维也纳，19岁进维也纳大学物理系学习，23岁获博士学位，之后在维也纳大学第二物理研究所工作，25岁与科尔劳施合写了关于大气中镭A含量测定的实验物理论文，为此获得奥地利帝国科学院的海廷格奖金。第一次世界大战期间，他服役于一个偏僻的炮兵要塞，在那里利用空余时间研究理论物理学。战后，他回到第二物理研究所。1921年，薛定谔任瑞士苏黎世大学数学物理学教授，从此，他在热学的统计理论问题上写出许多论文。1925年底到次年年初，薛定谔在爱因斯坦关于单原子理想气体的量子理论和德布罗依的物质波假说的启发下，从经典力学和几何光学间的类比，提出了对应于波动光学的波动力学方程，奠定了波动力学的基础。

也正是在这一年的7—9月，玻恩和他的学生海森堡，通过另一途径建立了矩阵力学。到1926年3月，薛定谔发现波动力学和矩阵力学在数学上是等价的，是量子力学的两种形式，可以通过数学变换，从一个理论转到另一个理论。

1927年，薛定谔接替M. 普朗克，到柏林大学担任理论物理学教授。在这里，他与普朗克结下深厚的友谊。同年在莱比锡出版了他的《波动力学论文集》。1933年，薛定谔对于纳粹迫害杰出科学家深为愤慨，同年11月被迫移居英国牛津，当年，他与狄拉克共同获得诺贝尔物理学奖。

1936年冬，薛定谔回到祖国奥地利的格拉茨。奥地利被纳粹吞并后，他被迫再次流亡英国牛津，1939年10月转到爱尔兰，在都柏林高级研究院理论物理研究所工作。

不久，彭桓武开始帮助海特勒进行介子理论方面的研究。海特勒曾把量子力学运用于氢分子结构，和伦敦同道一起提出化学键理论，是量子化学的创始人之一。

但是，薛定谔则认为海特勒和彭桓武研究介子是在浑水摸鱼。他在彭桓武面前不止一次表示他对爱丁顿的《基本理论》一书所提出问题的胆量钦佩至极。薛定谔的作为让海特勒和彭桓武都以为和爱因斯坦十分相像，薛定谔也在利用自己的优势地位，力攻电磁场与引力场的统一。他们自然都失败了，终于有一天，电磁作用和弱作用成功地统一到了一起。

海特勒和彭桓武对薛定谔怀着深深的敬佩和感激。茶余饭后，彭桓武从海特勒那里听来许多关于大师的故事。彭桓武从这些故事中认真总结经验，注重学习大师的工作方法，培养自己对学术问题的见识与判断的能力。一次，他与海特勒在一家店中饮茶聊天，海特勒说起薛定谔："一开始薛定谔提出相对论性的方程，而算出的氢原子能级与实验不合。面对失败他不放弃，而通过做非相对论近似极限而提出与实验符合的薛定谔方程，开创了波动力学。这种坚定灵活是非常难得的。"

彭桓武从这里领悟到：在进行多条道路探索时，每条路都要探索到底，包括拐弯抹角。这一做学问的研究方法直接指导他后来领导的原子弹、氢弹理论突破工作的研究。这不能不说：这应归功于他在玻恩、薛定谔及海特勒身边的学习和工作的经历。

海特勒也是玻恩的学生，可算是彭桓武的师兄了。这位师兄博才多学，一有空，就与彭桓武喝茶聊天。而彭桓武总能在这些"聊天"当中学习大师们及师兄的治学和为人之道，从中汲取丰富的知识营养。

一次，海特勒说："能善于用心算去估计数量级，从而辨别是哪些因素间的某种关联在起主要作用，这点标志了一个物理学家的成熟程度。"海特勒接着讲到了法国与德国在"二战"前物理发展的差别，从而强调权威人物影响的重要性。海特勒说："法国当时理论物理学权威是德布罗依，诺贝尔奖获得者。他很专制，学理论物理只能跟着他走，跟别人不行，唯他独尊，结果培养不出人来。德国有所谓的慕尼黑学派和哥廷根学派，代表分别是索末菲和玻恩。他们比较民主，学生之间常有交流，玻恩的学生可以与索末菲工作，慕尼黑学派的学生也来与玻恩

1945年与薛定谔在都柏林

工作。这样互相交流，活跃了思想，开阔了视野，推动了德国理论物理的发展，涌现出一大批优秀的理论物理学家。"

彭桓武及时把这些可贵的经验总结印记在脑海里，并直接指导他后来的研究事业和人生之路。他谦逊好学的精神，智慧超群的才能使玻恩、薛定谔都刮目相看。海特勒更是怀着无比的尊敬和热爱看待彭桓武。他后来在回忆录中写道："经常的兴致结合着非凡的天才，使他成为同事中最有价值的一个。""同事中最受热爱的一个是中国人彭桓武。"

彭桓武被战争抛在这英伦岛和爱尔兰岛之上，却万幸有机会、有精力投入科学研究工作。这一时期，希特勒调转炮口去打苏联了，亚洲和东南亚的战争也进入白热化状态。彭桓武却如一位自然科学的忠实信徒，虔诚地往来于两岛之间，往来于马克斯·玻恩和埃尔温·薛定谔两位大师的门前。

彭桓武请教薛定谔：怎样才能做好研究工作？

薛定谔的回答只有四个字："分而治之。"

这是一句兵家术语，薛定谔却把它用在科学研究上，彭桓武第一次认识到研究与作战有着紧密的关系。彭桓武牢记大师的经验之谈，结合自己的实际，用它来指导后来的研究工作，在实践中展示出他超人的智慧和永恒的魅力。

在都柏林高级研究院，彭桓武还遇到了他在爱丁堡的同窗鲍文。鲍文是个美丽的爱尔兰姑娘，她聪颖过人，博文达理，质朴淳厚，端庄大方，常与彭桓武一起探讨科学问题。

遇有闲暇，两人便相约骑车去往海边。他们看爱尔兰海，看

1946—1947年期间，彭桓武先生与鲍文在都柏林大街上

大西洋；看日出，看日落；看银色的海鸥时而高空展翅、时而滑翔海面；看蓝色的海浪有时恬静、有时暴戾地拍击着堤岸……

一次，鲍文问彭桓武："假如战争现在就结束了，而你在这里又当上了教授，你还回国吗？"

彭桓武说："我永远只属于我的祖国——中国。"

彭桓武和鲍文探讨学术，畅谈未来，可他们强烈的爱国之心阻碍了他们友谊的发展。爱自己的祖国，为祖国贡献毕生——这是两个不同国籍的年轻人的共同理想和心声。也正是这相同的理想，迫使两个年轻男女之间只能存在友谊。

这个故事没有结局。

1942年的一天，彭桓武接到二姐寄自祖国上海的一封信。这封信穿过炮火和硝烟，飞越印度洋、大西洋，历尽了千难万险，终于到达爱尔兰岛彭桓武的手中。这封信在路上走了近一年！这封信报告了一个非常不幸的消息：彭桓武的父亲——彭树棠去世了。

彭桓武客居异乡，有国不能回，有家不能奔，而父亲于一年前就已经去世，他陷入无比悲痛之中。父亲生前只对他做的一件事情给予过肯定，那就是"七七事变"后他逃到了昆明。父亲在一封给他的信中写道："只身行万里，我亦曰之为能。"信中，父亲还谆谆教诲道："高、简、率、朴，俱是美德，但要学问以济之：志高、要不骄，行简、要居敬，性率、要合礼，身朴、要不陋。"父亲语重心长，唯恐等彭桓武将来真正懂得已为时晚矣。知子莫如父啊，彭桓武感激着父亲，从此，再也不去海边游玩，再无心思去看大海。

不久，薛定谔演讲他的著名论文《生命是什么？——活细胞的物理面貌》。

彭桓武聆听着大师的理论演讲，仿佛置身在辉煌的知识的殿堂。薛定谔在论文中试图用热力学、量子力学和化学理论来解释生命的本性，引进了非周期性晶体、负熵、遗传密码、量子跃迁的突变等概念。薛定谔的这篇论文后来出版发行，流传很广，使许多青年物理学家开始注意生命科学中提出的问题，引导人们用物理学、化学方法去研究生命的本性，使薛定谔成为今天蓬勃发展的分子生物学的先驱。

游学爱尔兰的1941年8月到1943年7月，彭桓武和海特勒、哈密顿合作，发表了一系列论文，综合了介子场的若干成果，对宇宙线现象进行较系统的解释。这些成果中最著名的一部分就是HHP理论。

HHP理论，以它的三位作者姓名的头一个字母命名，其主要工作出自彭桓武之手。它发展了量子跃迁几率的理论，用能谱强度首次解释了宇宙线的能量分布和空间分布。在这个理论中已经出现了后来被称为戴森（Dyson）方程的方程。

随着HHP理论名扬国际物理学界，彭桓武的名字也广为同行所知。当时滞留法国的钱三强后来说："连我这个不搞理论的人都知道HHP理论，可见彭桓武他们这个工作在当时的名气。"

重返爱丁堡

又回到亲切而熟悉的爱丁堡大学校园，彭桓武的眼前一片阳光灿烂。这次重返爱丁堡，他是作为爱丁堡大学理论物理系卡内基研究员（由钢铁大王卡内基设立的基金会出资）的身份，再一次由马克斯·玻恩任导师，并与玻恩合作共同进行场论、量子力学方面的研究。在都柏林的两年中，彭桓武靠获得的助学金维持生活，如今担任研究员，独立展开研究工作，拥有了一份固定收入。

在都柏林时，彭桓武听海特勒说起玻恩与爱因斯坦是密友，他们长年保持通信联系。两位国际物理大师是在柏林相识的，共同的人生目的和相同的伟大人格使两位各执不同学术观点的人建立了终生的友谊。

一次，彭桓武问玻恩：为什么爱因斯坦那样执着地研究统一场论？

　　玻恩的回答和就此进一步的讨论使彭桓武发现：一个理论物理学家的学术思想与其哲学背景（譬如一元论）有着紧密的关系。玻恩毫不讳言。正如他晚年所说："关于哲学，每一个现代科学家，特别是每一个理论物理学家，都深刻地意识到自己的工作是同哲学思维错综地交织在一起的，要是对哲学文献没有充分的知识，他的工作就会是无效的。在我的一生中，这是一个最重要的思想，我试图向我的学生灌输这种思想……使他们能批判这些学派的体系，从中找出缺点，并且像爱因斯坦教导我们的那样，用新的概念来克服这些缺点。"

　　玻恩接着又说："我十分推崇爱因斯坦的'相对论'。他的概念太伟大，使我深受感动，以至我决定不在这个领域里工作。"

　　彭桓武知道：为介绍和普及"相对论"，玻恩写了《爱因斯坦的相对论》一书。1926年，玻恩提出用统计学解释波函数，这本来是对发展量子力学做出的巨大贡献，但是他的这一成就并不被当时的一些物理学权威所承认和接受。其中就有爱因斯坦。

　　说起爱因斯坦，玻恩还告诉彭桓武一些关于他的趣事。

　　工作、研究和家庭是爱因斯坦这匹"马"身上拉的三驾车。爱因斯坦常常左手抱儿子，右手做计算。孩子的哭声伴着他脑海里的分子、原子和光量子旋转……有一次他外出，由于思考问题精力过分集中，竟把自己在什么地方给忘了，不得不打电话问秘书怎样才能回家。

　　玻恩和爱因斯坦在量子理论的诠释上的分歧是很深的。在对量子力学的解释上，爱因斯坦单枪匹马与哥本哈根学派对垒。1933年，两位科学家都被迫流亡外国，玻恩到了英国，爱因斯坦则移居美国新泽西州普林斯顿市，供职于该市一所高级研究所。1955年，爱因斯坦在小城走完了他生命最后的旅程。在此前长达30年之中，玻恩与爱因斯坦在通信中对科学问题展开了一场论战。这场论战往往又是哲学思想的战争。两位著名人物不仅是物理学家，同时都有各自的哲学见解。后来这些通信结集出版，成为颇有价值的学术著作。

在这部通信集中，玻恩数次向爱因斯坦提及他得意的中国门生——彭桓武。

玻恩在给爱因斯坦的信中写道："中国人彭桓武尤其聪明、能干。他总是懂得比别人多，懂得比别人快。""似乎他无所不懂，甚至反过来他还教我。""他永远朝气蓬勃，乐观向上。"

1945年夏，彭桓武以论文《量子场论的发散困难及辐射反作用的严格论述》，顺利获得爱丁堡大学科学博士学位。他所论述的问题当时被理论物理界认为是一个最大的问题。

同年，彭桓武与玻恩合作以关于场的量子力学与统计力学的一系列探索性工作，共获爱丁堡皇家学会的麦克杜格尔——布里斯班奖。

都柏林最后的岁月

1945年夏，彭桓武得到了"教授的敲门砖"——科学博士学位后，在欧洲科学界有了自己更牢固的地位。8月，应薛定谔之邀，彭桓武赴都柏林高级研究院接替海特勒，任助理教授，继续研究场论，并具体指导来自法国的访问学者C. 莫雷特，对较低能区核碰撞中的介子产生做更细致的计算。

几个月前，即4月30日，希特勒在他坚固的地下堡垒开枪自杀。几天后，苏联红军攻占柏林……希特勒的噩梦以他的一声长叹结束了。

恰在此时，又发生了一件震惊世界，尤其震惊世界物理学界的大事——原子弹爆炸。

1945年8月6日和9日，美国在日本广岛和长崎投下两颗原子弹。广岛大约60%的面积被摧毁，有15万以上的人在爆炸中死亡……

15日，日本宣布无条件投降。

第二次世界大战终于结束。但是，原子弹的阴影却永远地留在了大气层中，笼罩在整个地球之上。

经过一番认真的研究，彭桓武打算经欧洲大陆、穿过苏联的西伯利亚回祖国。为实现这一计划，他重新学习上小学时学过一年的俄语。可是不久，英国和苏联同盟国的关系瓦解，意识形态上的敌对使第三次世界大战的火药味隐约可闻。彭桓武常和海特勒讨论新的世界大战是否又会爆发。他担心战火再次被点燃。他的理想，他的梦，他要为之奋斗的事业在中国。可是，何时才是归期啊！

1946年夏，战后第一次基本粒子会议在剑桥大学举行。彭

1946年夏在剑桥大学参加基本粒子会议的中国物理学家。自左至右为胡济民、梅镇岳、胡宁、彭桓武、周培源、何泽慧、钱三强、吴大猷

桓武应邀出席会议。在会上，他与来自法国的钱三强和何泽慧相遇，并在会上聆听了由钱三强宣读的何泽慧撰写的《正负电子弹性碰撞现象》的论文。更让彭桓武高兴的是，在这次会上，他除了遇到我国许多著名物理工作者，如胡济民、梅镇岳、胡宁、吴大猷外，他还有幸与周培源导师相会。

与祖国地理上的距离被来自祖国的亲人们拉近了。彭桓武从他们那里得知日本帝国主义无条件投降后，蒋介石在国内挑起内战，战火又一次燃烧在祖国多灾多难的土地上。

在大会上，彭桓武还见到了在英国原子能研究初期做出过重要贡献的帕尔斯，帕尔斯欢迎彭桓武前去他所在的伯明翰大学工作。彭桓武在这里还遇到了福克斯。第二次世界大战爆发后，福克斯被英国当局拘留。从那之后，他被派去参加世界第一颗原子弹的研制。彭桓武向福克斯询问英国原子能研究机构的情况，福克斯却说："我都想出来了！"之后，他说制造原子弹需要两样东西——回旋加速器和静电加速器。当时，彭桓武以为这位师兄已经厌倦了这项工作，后来从一份资料上获悉：苏联的间谍人员一开始便渗透到了由美国领导的代号为"曼哈顿工程"的原子弹研究项目中。正是由于这一至关重要的渗透，莫斯科才得以在1949年成功地试爆了第一颗原子弹。这比英、美两国的预测提前了许多年。一位代号"查尔斯"的苏联间谍与同伙为莫斯科提供了大量的有关"曼哈顿工程"原子弹研制过程及原子弹生产过程的详尽细节。这位"查尔斯"不是别人，正是克劳斯·福克斯。福克斯早在1941年便加入共产党，接受苏联指示，1950年被捕，9年后被释放，并回到了民主德国。

　　从这次基本粒子会议上回到都柏林，彭桓武心里再也难以平静。科学是一条战线，科研工作需要交流，能够与科学界的精英们共事，协力探寻物质世界的奥秘，发现创造的秘密，揭示微观世界未知的规律和混乱中的秩序，是一项多么有意义有价值的工作，是一切立志科学事业的人都梦寐以求的啊！9年来，在马克斯·玻恩和埃尔温·薛定谔身边，他向大师学习治学方针、工作原则和为人之道，学习玻恩学术民主、奖掖后人的高尚品德，学习薛定谔锲而不舍的奋斗精神。9年来，正是在名师指点下，与高素质的同行合作，他涉足了诸多瞩目世界的科学领域——晶格动力学、分子运动论、场论、固体物理、凝聚态物理中的超导问题，其中有些就是后来诺贝尔物理学获奖得主的课题。在爱丁堡和都柏林的经历，锻炼提高了他解决问题的本领和对学术问题的价值判断能力，使他更加成熟。在欧洲的科学界，他已崭露头角，并有着一席地位。几年里，他在苏格兰皇家学会学报、爱尔兰皇家学会学报、美国《物理评论》等刊物上，共发表了18篇论文。

可是，在彭桓武的心中只有一个声音，这声音是母亲的呼唤，它来自海洋的另一边，来自他亲爱的祖国——中国。

第四章

一味真心向碧霄

为原子能事业在中华大地生根

1947年秋冬，彭桓武踏上了东归的海轮。转年1月，他开始在云南大学物理系执教，一年余后，即1949年五六月间，彭桓武应严济慈相邀，转道香港来到北京清华大学，住进了叶企孙教授家。令他高兴的是，钱三强和其爱人何泽慧已于1948年年底回到祖国。

之后不久，在新中国诞生之际，一大批热爱祖国的科学家，为了一个共同的理想，陆续从四面八方回到新中国，他们中有程开甲、邓稼先、王淦昌、赵忠尧、杨澄中、胡宁、郭永怀……

20世纪70年代
摄于桂林
彭桓武（右二）
胡　宁（左二）
周光召（左三）
钱三强（左四）
卢鹤绂（右三）
朱洪元（右一）

这天，钱三强兴冲冲告诉彭桓武："中央准备成立一个人民的科学院，如果我的意见被采纳，就能成立近代物理研究所。"

"建立我们自己的物理研究所！这一回，咱们可以大干一场了！"彭桓武为终于能够施展抱负而兴奋不已。

钱三强又说："全国一盘棋，而不是两盘棋、三盘棋，这是咱们在欧洲就约定的。这一回，不会只是一个梦了。"

彭桓武说："要做好这个梦，就必须从现在开始调集人才，教书育人。我不懂做事，我去教书育人吧。"

旧中国留给物理学的遗产十分菲薄，人才匮乏、设备奇缺。没有人才和经济基础，要发展物理学的尖端学科不啻天方夜谭。然而，最伟大的工程都是建立在废墟之上的。

1949年11月，在党和人民政府关怀下，中国科学院成立。5月19日，成立了中国科学院近代物理研究所。彭桓武、钱三强及吴有训、何泽慧等人成为我国近代物理研究所的拓荒者。

　　教书育人，为日后核物理研究工作储备人才，一时成为拓荒者们的当务之急。彭桓武和他的同志们挑起了这副光荣而沉重的担子。

　　在清华，彭桓武任物理系教授，先后开设普通物理、量子力学及数学物理方法等课，并招收理论物理方面的研究生，任他们的导师。在他指导下先后参加研究工作的年轻人有云南大学的唐懋荧（1949），近代物理研究所的张继恒（1950），清华大学的研究生黄祖洽（1950）。1952年10月至1955年6月，他在北京大学物理系讲授量子力学，并指导北京大学的研究生周光召和严肃。彭桓武指导研究生所研究的课题在当时走在了国际前列。它同时一方面是彭桓武在国外关于介子问题研究的继续，另一方面也标志着他把注意力转向原子核物理和核能应用的开始。

　　彭桓武带研究生，注意训练学生的科学眼光，激发他们的创造力，鼓励他们独立思考，自己提出问题，解决问题。

　　黄祖洽是新中国成立后清华研究院的第一位毕业生。他的毕业论文是《关于氟化氢的一个计算》。彭桓武建议的这个题目巧妙之处在于乍一看来，这似乎是8个电子的相互作用的问题，涉及维数极高的薛定谔方程，但实际上却有可能大大化简。彭桓武的原意是希望他用另一种方法求解，但那时却是一项不得了的工作量。当时清华大学物理系不仅没有电子计算机，甚至没有电子计算器，仅有一台手摇的计算器，而且还要排长队。黄祖洽想：这样算下去不知什么时候才能毕业！于是，他偷偷地躲了起来，花了两个多星期的工夫，用一种巧妙的变分法将氟化氢分子的结合能近似地求解了出来。彭桓武看后，虽然与自己的本意不一致，但仍然赞成这一结果。

周光召1951年毕业于清华大学物理系，1954年毕业于北京大学研究院。有一次，他在一项研究中加进了群论的方法，彭桓武大加褒奖，并向人介绍："这是他自己想出来的！"

彭桓武重视教书，更注重育人，除了在学业上严格训练、循循善诱，还常去学生宿舍，关心他们的学习和生活，和他们交谈，或聚于灯前月下，或散步在清华的林荫路上、绿草坪边。他们讨论科学，探讨社会和人生。有时，他也说起爱丁堡和都柏林，说起那里科学家们的故事——第二次世界大战时，预言正电子存在的狄拉克，用理论物理去搞铀同位素分离；研究宇宙射线的布莱凯特，转而开辟了运筹学，在雷达与防空武器的最佳配置方面立下功勋；玻恩等人民主的学术风格，曾使德国的理论物理走在世界的最前列；法国的同行却由于德布罗依的专横而止步不前；彭桓武在都柏林帮助海特勒工作时，还向他学了一手修理自行车的本事……

春风化雨，诲人于无形。彭桓武正是在校园漫步间，在谈天说地时，教给学生许多科研的真谛和人生的哲理。他对学生说："做研究要把眼光放开，看到每一条可能走的路，不要局限在一点；而每一条路又要坚持把它走到底，这样得到的结果，不管是正面的还是反面的，才有可靠性。"他强调学习需要兼容并蓄，他说："这是蔡元培先生早年提倡过的。"他强调最多的则是"去做最多的工作"，这成为他日后自觉遵循的原则，并毕生不渝。

彭桓武不仅是他的学生们学术研究的指路人，更是他们学习的楷模和榜样。学生们从他这里，不仅秉承了既能搞基础研究，又能搞应用研究的特点，还学到了民主的科研作风和耿介旷达、不计名利的品格。黄祖洽说："我跟彭先生的最大收获，就是学到了他培养人的方法。"

彭桓武所带的研究生，后来在我国核物理事业及其他领域均做出了突出的贡献。其中，黄祖洽成为我国第一座原子反应堆的主要设计者，周光召在"两弹"理论设计中功勋卓著，严肃为南开大学物理系理论物理教研室主任，彭桓武带毕业论文的大学生也有一部分后来在发展我国核事业中立下汗马功劳。

年富力强的彭桓武，在新中国创建之后，在新中国的原子能事业几乎等于白纸的时候，毅然把播种理想和民族强盛的使命担在了肩上。他懂得：只有为理想而工作的人，才是真正富有朝气的人；只有为理想而奋斗的民族，才是最有希望的民族。

为了让原子能事业在中华大地生根，彭桓武一直挑着教书育人的重任。即使是在后来，在从事领导和研究工作十分繁忙的情况下，他也从没卸下这副担子，并乐此不疲。

1953年到1955年，他在物理所（前身是近代物理所）的理论物理室主持一个核理论的讨论班，集体学习和讨论核物理中的理论问题。

1954年暑假，他在青岛由教育部举办的讲习班中为各大学培训了一批量子力学的师资。他讲授量子力学，既注意使学生清晰掌握基本的物理概念，又注意引导学生将量子力学用于解决原子、分子等微观系统中的物理问题，从而培养他们解决问题的能力。

1955年10月至1956年4月，他参加由钱三强带领的实习团去苏联学习反应堆理论。从此，直到1972年11月，他的主要精力投入在发展我国原子能事业所需要的培养青年干部、理论研究和学术组织工作上。1956年秋，他和黄祖洽、金星南合作，在物理所举办为期一年的反应堆理论训练班，学员20多人，均为刚出大学校门的青年。他还在二机部培训工程师，由他和胡济民、朱光亚共同授课，他主讲核化学、核化工。他不仅解答学员们提出的有关核反应堆的理论问题，还解答有关核反应堆的大量实际问题、决策问题，为中国培养了第一代反应堆理论研究人员；同时，还给清华工程物理系学生第一次开设反应堆理论课，为中国的原子能事业培训了大批青年力量。

1962年9月至1964年6月，他在中国科技大学讲授流体力学并指导毕业班的补充讨论，使学生在学习原理之外，进一步接触到实际问题的解决途径。

1978年10月至1979年6月，他为中国科技大学研究生院开设理论物理课程，化繁为简，使不少年轻人掌握理论物理的大要。

1982年2月，他在北京大学物理系讲授分子反应动力学，借以在国内提倡化学物理这门新兴的交叉科学。

1985年，《彭桓武论文选集》出版，他当年的学生，后来担任中国科学院院长的周光召在序言中写道：

"随着时代的转移和国家的需要，彭桓武教授不断地开辟新的研究方向，带出了一批又一批的学生。我国理论物理工作者为国民经济和国防建设做出的贡献，在科学发展上的成就，无不与彭桓武教授的努力密切相关。无论是基础研究还是应用研究，在当时的历史背景下，他的著作都是走在最前列的创造性的工作，并解决了实践中提出的大量实际问题。"

钱三强多次感叹："彭桓武默默地做了很多重要的工作，但很少有人知道。""他带起了反应堆的理论研究，'两弹'理论是学术领导，同时还培养出一批人，带出了一个学派。写起历史来，归功于他，不是夸大。"

自信心来自于实践

第一个五年计划的头一年，彭桓武有幸被邀请去参加鞍钢一个技术难题的攻关。一同参加的还有鞍钢、抚钢和北京钢铁研究院的同志，另外还有北京大学的王竹溪教授及钢铁学院的教授。这无疑使他在理论物理指导实际工作方面得到一次锻炼。他的第一次理论与实践的结合不是在原子能方面，而是在国民经济支柱产业——钢铁冶炼方面。

鞍山钢铁公司——中国最大的钢铁基地，在国民经济建设中有着举足轻重的地位。在这一时期，为推广苏联的经验提出了关于高温钢锭快速加热的问题，目标是钢锭从炉中取出后不让炉温下降就放进新钢锭，从而节省时间、提高生产率。但钢锭在快速加热时容易产生裂缝的难关如何逾越？这项技术改革适用于哪些钢种？钢锭尺寸的极限是多少？等等，一系列问题困扰着鞍钢的建设者们。

彭桓武运用他精湛的理论物理知识、丰富的研究工作经验，应用热传导、弹性力学的知识从理论上计算，建立物理模型，简化了数学计算，举重若轻，求出高温加热中钢锭的安全直径。

经过多次实验，观察加热钢锭剖开后有无开裂、破坏。实践结果证明，彭桓武求出的高温加热中钢锭的安全直径和实验结果完全一致！同时还证实：这个苏联经验适用于碳钢，而特殊合金钢不能采用。此后，他参与了我国钢锭高温热处理第一个规程的制订。

这项工作结束后，彭桓武完成论文《高温加热中钢锭的安全直径》。由于在这一工作中的突出贡献，彭桓武被誉为新中国理论物理学家为国民经济建设服务"第一人"。

这项工作的意义还在于彭桓武走出了大学和研究所的象牙之塔，走进了工厂，走到了实践当中去。实践的结果增强了他的自信心，更坚定他"理论物理必须解决实际问题"的工作宗旨。

在鞍钢的使命完成之后，彭桓武北上长春。这是他自1934年暑假之后近20年里第一次回家。

"长春彭"家的院落还坐落于西四马路之上，可"长春彭"家的人却生死相隔、云泥殊路。

走进家门，昔日与父亲、母亲及姐姐、哥哥在一起生活、学习、玩耍的情景潮水一般涌现在他的眼前——

父亲曾站在南墙前，凝望竹丛吟咏道："此身当与竹为林，心喜虚空节喜真；学得东坡易俗法，应同师友日相亲。"

母亲生气地在院子里追赶他，因为他不肯理去长头发……

与哥哥那个寒假里的实验之后，那股臭鸡蛋的气味似乎还弥漫在院子里……

时移事去，物是人非。

彭桓武还认识这院子，可院子里的主人已不认识他了。

彭桓武来取父亲留给他的唯一财产——那套《四库全书》，可得到的回答是：书已全部被当作废纸卖掉了！

彭桓武在"家"待了不到一小时，就匆匆离开了。这是他一生当中最后一次回家。晚年，他还回去过一次。西四马路还在，可他在鳞次栉比的大厦高楼之间却无论如何也找不到家了。

家，永远留存在他的记忆里。

事业初创

彭桓武和他的战友们在北京一座普通的小四合院里，开始了为中国原子能事业奠基和开拓的奋斗岁月。

这座小四合院就是后来被公之于众的位于东皇城根甲42号院。1950年5月19日，中国科学院近代物理研究所成立，所长由清华老教授、科学院副院长吴有训兼任，钱三强任副所长。一年后，钱三强继任所长。1952年王淦昌、彭桓武任副所长，实际上他们的工作开展在研究所创建之初。

2000年4月20日，彭桓武与何泽慧、黄祖洽在东皇城根近代物理研究所旧址前

事业初创，举步维艰。

彭桓武他们开展科研工作的条件极其困难，国内没有现成的仪器设备及相应的工业基础，西方国家对我国实行封锁禁运，有钱也买不回做实验用的设备器材。在这种艰难条件下，要建立和发展各种核物理和放射化学的实验技术，就不得不从研制各种核探测器和粒子加速器开始，甚至不得不从研究真空技术开始。

于是，北京天桥、东单旧货市场成了他们光顾最多的地方。旧电子元件、废铜棍、钢筒、面积仪、计算尺……通过他们的双手，经过种种渠道从废品站聚拢到了近代物理所。这些废旧物资经过科研人员和工人兄弟的密切合作，最终变成了十分宝贵的科研器材。

彭桓武、王淦昌、钱三强、何泽慧等科学家均去过天桥、东单，寻找可资利用的废旧器材。邓稼先曾用一把糖换取路边一孩童手里的一段铜丝。彭桓武身穿十几年前的旧西装，在天桥旧货市场寻找购买可利用的物资，结果被公安人员盯上，最后还是钱三强去派出所把他"领"了回来……

许多科学家在外出开会、讲学时，也不忘去当地的废旧品市场，他们总是希冀能淘到一两件珍宝……

科学家的劳动终于初见成果——

肖健用黄蜡提炼真空封蜡。

金建中研制成功各种抽速的金属油扩散泵，我国金属油扩散泵的生产从此起步。

在杨承宗指导下，朱培基、朱润生修复一套抗战前就已损坏的500毫米镭氡装置，提取氡气。

戴传曾等研制成氡铍中子源，又研制成中子计数管，为开展中子物理研究提供初步条件。

赵忠尧从美国运回的30余箱加速器部件和科研器材，建成了我国第一台静电加速器。

杨承宗、杨澄中分别从法国和英国归来时，用钱三强赴巴黎世界和平大会时带去的中央批给的外汇购置的器材，及法国著名物理学家约里奥·居里夫人为表达对中国人民发展核科学事业的一点心意，赠送杨承宗的含微量镭的标准源，都成为开展研究工作宝贵的基础条件。

为摸清核物理理论和实验研究的状况和趋势，彭桓武、朱洪元、金星南组织黄祖洽、邓稼先、于敏等年轻人进行了艰苦的调研，逐步开展起原子核物理和粒子理论的研究，填补了我国核理论的空白，同时注意到反应堆、同位素分离、受控热核反应等应用性理论工作，并培养出黄祖洽、邓稼先、于敏、周光召等年轻一代。

彭桓武这一时期，既是清华、北大物理系教授、研究生导师，又是中科院近代物理研究所研究员；既是研究所副所长、理论组组长，还是研究所图书馆馆长。他的办公室同时也是图书馆。彭桓武为了祖国核科学事业的起步，在这时所从事的工作，不但是教授、科学家、领导者，同时还是个勤杂工。他和他同时代创业者的这种无私奉献和艰苦奋斗作风，为中国近代物理研究所，为祖国的核科学事业奠定了坚实的基础。后来者沿着他们脚下的路，踏着他们的足迹，为原子能事业在中华大地扎根，曾走遍祖国大江南北，曾舍弃大城市去最艰苦、最荒无人烟的沙漠，曾甘受最不公正的待遇，而奉献出最美好的青春和荣誉……

1953年10月，中国科学院近代物理研究所更名为"中国科学院物理研究所"。1958年7月，又更名为"中国科学院原子能研究所"。

据不完全统计，从1959年至1965年7月，从原子能研究所调出去的科学技术人员共计914人，其中正副研究员、正副总工程师28人，助理研究员、工程师147人，研究实习员、技术员712人。同时，为部内兄弟单位培训1706名科学技术干部，为高等院校等单位培训1185名科学技术人员，为全国各省市培训976名放射性同位素应用人员……这些人员中的多数都成为"两弹"攻关和核科研中的中坚力量。

曾有人感叹：在中国研制"两弹"的悲壮进军中，原子能研究所是"满门忠孝"。

原子能研究所的创业者们，在艰难困苦的条件下，建立起中国的原子能事业科学队伍，并带领这支队伍不断为事业的发展而建功立业。

彭桓武是这支队伍里一颗璀璨的明星。

早期的努力

1952年10月初，中国科学院计划局提出了制订中国科学院第一个五年计划的四个方针，即：（1）本门学科的发展，（2）社会主义建设的需要，（3）客观条件的可能性，（4）人才培养。这个方针为近代物理所的工作明确了方向。就如何制订好物理所的五年工作计划，彭桓武做了报告。报告中，他总结了建所以来工作中存在的问题，阐述了政治与业务的关系，基础研究与应用研究的关系，工作与学习的关系，个人与集体的关系。动员号召大家端正科学研究的态度，以积极主动的精神关心和参与五年计划的制订。

接着，由彭桓武和王淦昌主持全所高级研究人员组成的计划委员会集体讨论，拟定全所发展的计划草案。尔后，他们动员组织无论是高级研究员还是刚参加工作的同志，对自己所从事的工作提出大胆设想，最终确定了四个组：原子核物理、放射化学、宇宙线、理论物理，以及具体的五年计划和详细的工作计划。对科技干部的要求和培养方法，他们经过讨论也取得一致意见，即：通过科研实践培养人才，为发展核科学技术准备力量。

最后，近代物理所的方向和任务被写进计划中："本所五年发展方向，是以原子核物理研究为中心，为原子能应用准备条件，充分发展放射化学，宇宙线研究应获得发展。"

五年计划在明确了总的方向、任务和方针的前提下，还对各方面工作明确了具体目标。在原子核物理、放射化学、宇宙线研究、理论研究方面都做了十分明确和大胆的构想。这个计划对后来我国核科学事业的发展有着划时代的意义，是全所科研人员集体智慧的结晶。

到了这年年底，为了确保五年计划的执行，钱三强、王淦昌、彭桓武等所领导对研究机构进行了调整，彭桓武兼任四个组中理论组的组长。

不久，近代物理所组织全体科研人员参加为期一个月的俄文速成学习班，由理论组的邓稼先执教。

小学时学的俄语，这时已被彭桓武扔得差不多了。他虚心

20世纪90年代，彭桓武与王淦昌在一起

向年轻人学习，从俄文字母学起，突击语法和词汇积累。在他和王淦昌等带动下，学习气氛十分热烈，无论刮风下雨，路有多远，全体科研人员都按时到课、认真学习。结业时，彭桓武、王淦昌、朱洪元等都获得5分的好成绩。

1953年10月，近代物理所更名"物理所"。转年年初，物理所全部从东皇城根搬到西郊中关村。当时中关村除了庄稼地就是坟地，一下雨就到处泥泞，不穿雨鞋都进不了办公楼。

1955年6月，中国科学院举行了学部成立大会，彭桓武与所里的赵忠尧、钱三强和王淦昌等被选聘为数理化学部的学部委员。3月，叶企孙、饶毓泰、周培源、王竹溪等9位学部委员到物理所参观检查工作，对物理所几年中从无到有、从小到大，克服无数困难发展我国核事业的成绩，给予了高度的称赞和肯定。

莫斯科的实习生

1955年10月，彭桓武以中国特派实习生的身份乘中国国际航班飞往莫斯科。同机一起去的还有他的学生黄祖洽。他们的任务是向老大哥学习核反应堆理论。

自从1942年芝加哥大学足球场下受控自持链式反应发生以来，科学家们用他们的才能和智慧又建造出不同用途的核反应堆，第一个为人类增殖燃烧的反应堆于1951年在美国建成，美国的第一艘核潜艇于1954年1月下水，苏联用于民用电力而建的第一座核反应堆于1954年6月投产。

原子能为人类的和平事业服务，已展现广阔而辉煌的前景。

为了发展中国的原子能事业，建造自己的核反应堆，彭桓武开始了莫斯科的实习生活。

才到莫斯科，彭桓武就对黄祖洽说："现在我们都是学生，有什么问题一起讨论，互相启发，共同提高，争取早日取得'真经'带回去。"他们住在莫斯科市中心的十月旅馆，每天坐班车去市郊的苏联热物理研究所学习。

负责讲课的是苏联核反应堆的权威卡拉宁教授。可过去很长时间了，卡拉宁并不授课，只让中国来的学生们自己看资料。彭桓武想：这样下去也许会错过良好的学习机会。于是，他试着拿出他多年养成的学习习惯：以向老师提问的方式向苏联专家学习。可卡拉宁教授不会说英语，而彭桓武俄语口语不行。语言障碍一时阻隔了他与老师的交流。经过反复提问尝试，他终于找到一种最佳的方法——卡拉宁不会讲英语，但听得懂英语；彭桓武不会讲俄语，但听得懂俄语。于是，彭桓武用英语提出问题，卡拉宁用俄语回答，如此交流，倒也顺畅。

在这里，彭桓武又犯了自由主义。出国前，为了保证他们的人身安全，上级再三强调的一条纪律是：绝不允许他们单独外出。但是，中午饭在研究所的食堂吃，晚饭却成了问题。其他人都是买回东西自己做，唯独他不知该买什么，就更不会做了。旅馆食堂的饭菜非常贵，于是，每到星期天，他只好一个人到附近小街的饭馆里去吃饭。

冬季的莫斯科像一座大冰窖，彭桓武穿着裘皮大衣也被冻

1999年9月29日，彭桓武与黄祖洽在北师大做学术报告

得直打哆嗦。为了增加身体里的热量，他每个星期天中午都去附近一家饭馆喝"巴库牛尾汤"。这种汤带有浓正的高加索地区风味，既好喝又便宜。

在莫斯科学习期间，彭桓武和同志们没有娱乐时间，一次最大的艺术享受是坐在莫斯科大戏院最便宜的座位上看芭蕾舞表演。

在这里，除了看资料，彭桓武、黄祖洽每星期都参加所里的学术报告会。有时，彭桓武代表中国前往设在杜布纳的联合原子核研究所开会，与其他社会主义国家的科学家交流学习。

在半年的时间里，彭桓武他们掌握了反应堆理论。在对苏联援建我国的那座反应堆进行独立的物理计算时，在国内已钻研了一年中子输运理论——反应堆的理论基础的黄祖洽，还纠正了设计书中的一处错误。后来移交时，苏方认为反正你们已经可以自己设计了，索性不把设计书交给中国。

学习任务完成后，彭桓武一天也不想在那里待，一是吃饭太贵，他不得不一丝不苟地算计着过日子，否则，工资吃不到月底，这令他忍无可忍；二就是他的身体这时已糟糕到了极点，从北京上飞机之前，他还能奔跑在网球场上，可这时，已无力再上球场，40岁的人仿佛一下子衰老了10年。

1956年4月，彭桓武圆满完成在莫斯科的使命，奉命回到北京。

投身反应堆和核潜艇的研制

一生中，彭桓武一直耿耿于自己没有做一名木匠，不能用双手亲自去创造美、创造财富。然而，此时，在中国核事业大厦的基础建设时期，他做着真正的"木工匠"的工作——在有限的人才中选择对核大厦有用的材料，施以无形的教化，培养扶持，使之成为中国核大厦的栋梁之材。

从莫斯科回来后，彭桓武开始培养中国第一代核反应堆的人才。在所里，他与黄祖洽、金星南一起给一批刚走出大学校门的青年系统讲授反应堆理论。

一天，钱三强送给彭桓武一本名为《核反应堆工程原理》的美国教科书。交谈中，钱三强提到二机部新报到的大学生还需要一年才能去新建的工厂工作时，深感焦虑和不安。

20世纪70年代，彭桓武与周光召在一起

彭桓武说："应当利用这一年把专业基础课给他们补上，比如《核反应堆工程原理》就可以作为课本。"

钱三强采纳了这一建议，将此事安排给北大技术物理系，彭桓武和胡济民、朱光亚共同授课。同时，他还给清华大学工程物理系的学生首次开了反应堆理论课。

几十年的学习和科研经历告诉彭桓武：无论是哪一项工作和发明，理论是至关重要的。因此，在钱三强的支持下，他不但高度重视理论队伍的建设，在较短的时间里建设起一支精干的能打硬仗的理论队伍，而且十分关注实验物理方面人员的理论水平的提高。我国原子弹和氢弹所以在不远的未来，在一个较短的时间里，取得令世人瞩目的成就，首先是因为打了"理论仗"，这不能不说是彭桓武、钱三强他们高瞻远瞩、运筹帷幄的结果。

彭桓武辛勤躬身于学术领导和组织指挥工作，同时为钱三强出谋划策，被同志们尊称为钱三强的"参谋长"。

1955年10月，经中央批准，选定北京西南远郊坨里地区兴建一座原子能科学研究新基地，后来苏联援建的一堆仪器就安装在这个基地。

坨里又称物理所二部，1957年6月后，彭桓武结束授课任务，即受命搬进坨里全面负责原子能反应堆工程工作。这项工程由连培生任总工程师，籍孝宏任副总工程师。这项工作对所有的科研工作人员几乎都是第一次，许多人陌生，甚至不懂起码的常识。彭桓武把大家集中起来学习，他亲自做学术报告，并动员其他几位同志做报告。他们的报告从理论、工艺设计，讲到安装、运转、开堆，知识面广，深入浅出。当年听他课的许多科研工作人员后来都成为我国自己建造反应堆的中坚力量。

根据全所科研工作的实际情况，也为了落实《十二年规划》，彭桓武在钱三强的支持下，参照苏联的经验，结合中国的实际情况，将物理研究所原来的8个研究室和2个工程技术单位逐步发展成16个研究室和4个技术单位，其中堆理论、堆物理、堆材料、热工水力、元件考验及与反应堆有关系的工程单位形成了一条"堆工线"。彭桓武除继任副所长外，兼任第四室主任，负责理论物理工作。

这段时间，彭桓武很少回中关村所里，他把主要精力放在对坨里科研基地的全面领导和指挥反应堆理论、实验、工程、材料的工作上。

工作千头万绪，然而"运动"也一个接一个。

反右运动开始后，大量的工作时间被开会、批判所占用。人们热衷于"自由""民主"的话题，却把应当按时完成的工作搁置一边不管不问，这令彭桓武担忧。在一次会上，个别涉世不深的年轻人口吐狂言，说："物理排队，只有理论物理排第一；北大物理排理论物理第一。"彭桓武批评了这种幼稚、狭隘的认识。

在这次运动中，彭桓武是当然的"左"派。一天，在一次会上，有位年轻人大谈西方"民主自由"，仿佛连外国的月亮也比中国的圆，这让彭桓武十分气愤。他在国外待了9年，亲眼所见并亲身经历过西方所谓的"民主自由"是个什么货色。当初他想回国借道美国，却要他承认"父亲不是小偷"才能得到一纸签证，这种侮辱人格的言辞也只有西方某些大国才做得出来。他结合自己的亲身体验批评教育了这位同志。

1957年冬天，彭桓武领队代表中国前往印度参加亚洲第一座反应堆开堆典礼。

一天，在住地等吃饭的时候，彭桓武遇到法国外交部部长。交谈中，彭桓武说："英国不承认我们，美国看不起我们，这么大的中华人民共和国好像在地球上不存在。难道非等我们拿着氢弹才能进联合国吗？"

法国外长说："你们还有时间。"

这时候的彭桓武还不知三年后自己能够亲自去干这项事业。

从印度回来后，"大跃进"运动开始。为制定全所、各室、组的跃进规划，彭桓武认认真真地三易其稿。为参加研究所的反贪污、反浪费、反保守等运动，他从坨里赶回中关村所里检查自己。这些运动占据了他许多宝贵的时间和精力，然而在他看来都没什么道理。事情过去，他就全部遗忘了。

唯独对大炼钢铁是个例外。

彭桓武对大炼钢铁运动投入了发自内心的拥护和支持。在坨里二部彭桓武住的宿舍对门，他和同志们修建了一座炼钢铁的小高炉。他动员大家把家里的钢、铁废旧品献出来，还带头从自己家里拿出铁铲、烧漏的锅等东西，一有空，他就到小高炉前参加炼钢铁工作。那段时间，人们有工作找不到他时，去小高炉那儿，准能看到他正干得满面红光、汗流浃背。事后，只要有人提起这段岁月，便有人戏说："宿舍对门的那座小高炉就是彭桓武先生的。"

后来，彭桓武听说金属研究所所长李薰对这个运动提出批评，说这样干不对，这样炼钢铁既浪费又无法保证质量，对加速国民经济建设有害无利。李薰是从事冶金研究的，他的看法不会有错。彭桓武开始思考这个问题，热情渐渐冷下来。

1958年6月13日，我国第一座、亚洲最大重水反应堆于18点40分达到临界开始运转。

彭桓武、黄祖洽作为理论物理师参加了开堆值班。7月1日，经二机部、科学院决定，物理研究所更名为"中国科学院原子能研究所"，彭桓武继任副所长。

原子能反应堆工程给原子能研究所带来了第一次辉煌。一时间，周恩来、朱德、董必武、贺龙、陈毅等中央和各民主党派的负责人及人民解放军的高级将领相继前往视察参观，并给予了极大的关怀和殷切的希望。

在迎来送往的人群中，人们不见彭桓武。他从不参加这种活动，唯恐把时间虚掷在客套上。

8月的一天，刘杰代表二机部向原子能研究所下达研制核潜艇动力堆的任务。

核潜艇动力堆的设计和制造，是一项综合性很强的工程技术。由于战舰作战需要，对潜艇堆提出了一系列特殊的要求，如体积小，重量轻，有高度的灵活性（如能随时起动或停止），耐冲击、耐摇摆，尤其要具有高度的安全可靠性，所有这些，都大大增加了潜艇核动力装置研制的难度。

彭桓武欣然受命负责"核潜艇动力堆"工程的组织领导和堆工程技术方面的工作，并兼任科技领导小组组长。不久，一支由200多科技工作者组成的科研设计队伍，陆续开展了堆设计、堆物理、堆材料、材料防腐、元件工艺、热工水力、自动控制等一整套有关堆工程的科技研究工作。

这时，世界上只有美国和苏联的核潜艇已建成下水。他们对研究技术严格保密，这方面的情况只在一些杂志上偶有一般情况的报道。

而彭桓武领导的这支队伍，大部分是刚从大学毕业不久的年

轻人，不仅缺乏经验，基础知识也不足。而要进行的方案设计，
又必须从中国当时的科学技术水平和工业基础的实际出发，这使
这项工程的设计工作失去不少自由度，困难重重，荆棘塞途。

　　彭桓武和李毅、孟戈非、连培生等肩负起这一历史使命。

　　在反应堆及核动力研究方面，彭桓武不仅在学术上领导和
指挥，而且更注重建设这支理论、实验和工程设计的科研队伍，
加强他们彼此之间的协作。为了"原子能反应堆"在建成启动
后，不断提高运行的质量，也为我国自力更生开展反应堆的制
造积累经验和培养人才，彭桓武于1959年春夏时节组织了一系
列的学术讨论会，由涉及反应堆有关各研究室的人员参加。他

1995年11月，彭桓武（右）在原子能研究院为他举办的80寿辰会上，与李
毅（中）、汪德熙（左）在一起

要求负责反应堆各个系统运行的科技人员提出报告，说明运转中的经验、遇到的问题和改进的意见，并交给大家讨论。经过这些生动的学术活动，不仅提高了堆工作者的水平，引发了他们深入钻研有关业务的兴趣，而且为后来"原子能反应堆"的改建，提出了方向，奠定了基础。同时，他和金星南一起，在研究所培养并组建起一支精干的计算数学队伍。

"核潜艇动力堆"工程后来由于国家计划调整，被迫放缓，停止了陆上模式堆基地建设。但是，在1960年6月，在"核潜艇动力堆"研究设计者们的共同奋斗下，经过两年多刻苦学习、调研、论证，终于提出《潜艇核动力方案设计（草案）》。

这一草案被后来重新上马的研究工作证明是切实可行的。设计者们为后来1965年这一工程的重新上马打下了良好的基础，做出了开拓性的贡献。

到1960年，"核潜艇动力堆工程"虽然搁浅，但却带动了大批工作的开展，填补了我国许多空白学科，同时培养了一支堆工科学技术队伍。这批人才后来走向我国反应堆工程、核潜艇动力堆和核电站研究设计的不同岗位，为社会主义现代化国防建设和经济建设，做出重要贡献。

"一声令下上尖端"

"596"对于同时代的每一个中国人，都是一件大事。

当时，盘踞台湾的蒋介石集团叫嚣反攻大陆，美国"第七舰队"在我国沿海海域横冲直撞，有时窜到台湾海峡示威游弋，我国国民经济实力尚不雄厚，偏遇连续三年自然灾害。然而，正是在这时，一贯以"老大哥"自居的苏联乘机逼债、单方面撕毁中苏"国防新技术协定"，中苏关系破裂。

其实，在1959年6月前的早些时候，明眼人就已经看出苏联撕毁合约的端倪了。因为，从那时候起，分布在一些重要行业的苏联专家和顾问，陆续回国休假，便一去未返。现在，关系即已破裂，苏联专家便纷纷奉命回国。

彭桓武把这件事看得很轻，他认为这是好事，是历史的一次进步。他认为中国的发展和富强离开他们也是要前进的，这是历史的必然趋势。苏联专家走了，可以锻炼培养自己的年轻人起来。

20世纪70年代，彭桓武（右二）陪吴有训副院长（中）接见从美国回国访问的张民觉教授（左二）

1960年，彭桓武、吴有训等前往英国出席皇家科学院成立300周年纪念大会。在伦敦，彭桓武与从德国去的导师马克斯·玻恩重逢。

玻恩埋怨彭桓武道："你为什么不给我写信？黄昆都常给我来信。"

彭桓武说："我是共产党国家的人，给你写信怕牵连你。"

实际上，彭桓武了解导师是个和平主义者。他反战，回到德国后积极参加反对德国制造原子弹的政治活动。彭桓武也是一个和平主义者，也反战，但他积极参加中国制造原子弹的工作。这时期，虽然他人未去核武器研究所，而实际早就开始了这方面的工作，核武器研究所理论方面的问题也常去请教他。他托词"牵连"的理由不过是不想让导师知道他正从事保密工作。

也许，此时玻恩已经知道彭桓武正从事他所竭力反对的制造核武器的工作，也许仍然以为他如在爱丁堡时一样愚顽。后来，他在传记里提到这次会面，说到彭桓武时，他写道："他是傻瓜。"

1961年4月初，彭桓武正在坨里基地工作，钱三强推门走了进来。

"桓武，有重要事通知你。"钱三强又说："中央决定派最好的科学家加强尖端项目的攻关。中央决定调你去核武器研究所顶替苏联专家的工作。有什么困难吗？"

彭桓武从钱三强眼里看到的是信任和希望。他说："没有。"

钱三强又说："这些年，你本可以在你熟悉的领域里有所建树，可是……"

彭桓武理解这位挚友，但此时国家更需要他。他打断钱三强的话，说："三强，总得有人来干这项工作，国家需要我，我去。"

没有豪言壮语，没有旦旦信誓，这便是彭桓武。

对于彭桓武，钱三强比任何人更了解他。这位比自己年龄还小的学长虚怀若谷、心地光明，无求于人、无欲于世，整日一副安然自若的悠然模样，仿佛泰山崩于前也面不改色心不跳。他把全部的精力献给了自然科学，直到1958年43岁时才结婚成家。在早期核研究所成立时，钱三强推荐了原子能研究所的邓稼先、朱光亚等，现在，又把这位挚友推上尖端科技的最前沿，他相信自己的眼力。直到死，钱三强也没有告诉彭桓武，在推荐他参加原子弹研制工作时，在中央领导面前，他手抚胸膛为这位挚友做政治上的保证。

两天后，彭桓武交代完坨里基地的工作，抱起自己一副铺盖，对爱人刘秉娴说："我上班去了。"然后乘车去往市区的核武器研究所报到。

走进核武器研究所，彭桓武才知道王淦昌也调到这里，与他们同期报到的还有钱学森推荐来的郭永怀。他们三人的使命都是顶替早期撤走的苏联专家的工作。他们三人与前期到这里开展工作的朱光亚被中央任命为核武器研究所副所长。不久，研究所机制调整，成立了四个技术委员会，吴际霖任第一技术委员会主任，王淦昌任第二技术委员会主任，郭永怀任第三技术委员会主任，彭桓武任第四技术委员会主任。

一天，彭桓武、王淦昌、郭永怀被专车接进中南海，接受周恩来总理的接见。

这期间，由于饥饿和营养不良，彭桓武患有严重的浮肿，脚脖子肿得老粗，经常穿不上布鞋。这天，他勉强提上鞋上了汽车。

西花厅，周恩来把三位科学家请到沙发上就座，与他们畅谈国际形势，交流思想感情。周恩来说："我们刚刚起步的国防尖端事业，需要尖端人才，需要第一流的科学家，你们当之无愧。党和人民寄希望于你们啊！"周恩来对科学家们三天里改变研究方向，服从祖国需要，加入到核武器研制行列中来非常赞许。

周恩来总理亲切询问彭桓武老家何处。

回答完总理的提问，望着总理慈祥的面容，彭桓武说："从现在起，我们三个都是二机部的干部了。"

总理笑着轻轻摇头，然而又十分严肃地说："不，你们依然是科学院的科学家。"

彭桓武暗自思忖：总理话里的意思是说我们三个代替苏联专家接受突破任务，一旦完成了工作，又可以回科学院搞其他研究。

周总理十分明白：到目前为止，中国尚没有一位科学家见过原子弹，更不要说懂得原子弹的理论设计和制造了。他深知落在这些科学家肩上的是怎样沉重的担子，他寄希望于科学家们担起这副历史的重担，挑起中国的强盛和未来。

周恩来对彭桓武说："这一次，调你去研制原子弹，可是一项政治任务啊！"

这句话，彭桓武记了一辈子。

不久，陈毅、彭德怀、彭真等同志到核武器研究所看望科研工作人员，当得知彭桓武他们三天里改变研究方向，到新的研究所报到后，感动得元帅们紧紧地和他们握手。

陈毅元帅高兴地说："有你们科学家撑腰，把原子弹造出来，我这个外交部长也好当了！中国要不被人欺负，非要有自己的核武器不行！"

"逼上梁山，我们自己干吧，靠别人靠不住，也靠不起。党中央寄希望于中国自己的专家。"——聂荣臻元帅在苏联撤走专家后，曾激愤地对二机部的科学家们说。

研究制造中国第一颗原子弹的任务落在了彭桓武、王淦昌、郭永怀、朱光亚等科学家身上。在这支光荣的队伍里，还有程开甲、邓稼先、陈能宽、周光召、黄祖洽、于敏、龙文光、杨承宗、王承书、周毓麟等一大批优秀的专家和技术骨干。

一颗颗璀璨的明星从他们过去的灿烂天空里消失。他们被民族的声音召集在一起，为了一个理想，组合成一个更加辉煌、无比夺目的星团。他们隐姓埋名，默默地为民族的事业奋斗、奉献，把智慧之光、理想之光和一腔热血都奉献给了那个崇高而神圣的目标，那个为人类和平、祖国强盛而托举起太阳的壮丽事业。

当中国的原子弹、氢弹爆炸成功后，许多不知内情的人们往往被好奇心诱使，而去追踪寻找中国的"原子弹之父"、"氢弹之父"。其实，中国的核事业是民族的事业、集体的事业。它每一次微小的进步和成功，都凝聚着成千上万人奋斗和创造的血汗，凝聚着千万人的智慧和劳动。核事业的辉煌与光荣不属于哪一个人，而是属于每一个人，属于每一个在这条战线上埋头苦干、默默奉献的无名英雄。

1971年的春天，在我国第一艘核潜艇下水典礼上，一位年轻的记者，手捧鲜花却不知献给谁好。记者本来想把花献给研制核潜艇的功臣，可当他得知成千上万的人为核潜艇默默奋斗了十几年，才有了今天的成功后，他泪流满面地感叹道："这是集体的成功，我把花献给这个集体！"

突破

京城北郊，一片乱坟的旁边，矗立着一幢灰楼和几栋红色的建筑。这里，几乎与古元大都的古城垣接壤。这里，就是核科学家的神庙——核武器研究所，后改称核武器研究院。

报到后，所里为彭桓武、王淦昌、郭永怀每人分配了一名学术秘书。一天，彭桓武的秘书李德元很委屈地找到所长李觉，说："彭副所长不要我。"原来，当了十几年"官"的彭桓武仍然不习惯听汇报，只要他负责的工作，他必与组里成员直接见面。就这样，李德元来报到，他就解放了他，让他回原来的组里继任小组长。

由于任何国家都视原子弹为尖端机密，严格封锁消息，所以一切有关核武器的重要物理现象、规律及计算方法，都要依靠自己来摸索。在没有任何资料、没有条件进行实验、无法取得理论设计所需参数的情况下，彭桓武、邓稼先他们想尽一切办法从公开的、半公开的及和平利用原子能方面的材料中收集、递选、推算。

邓稼先，理论设计研究室主任。他可算是彭桓武手下第一位大将。为了查资料，他带领着研究室的同志跑遍北京市的图书馆。饿了，啃几口干馒头；渴了，喝杯凉开水。中午，他们赖在图书馆里，让管理员把他们反锁在里面；晚上赖不过，他们出示证件，用车拉回资料，连夜继续查。

一堆堆外文报刊和书籍被他们借出又送回。一天，图书馆老管理员犯疑了，问邓稼先：看这么多书，你是干什么工作的？

邓稼先支支吾吾，不能说清。在长者疑惑之际，他头歪在桌上睡着了。

一天晚上，他骑车驮着资料回研究所，因太劳累疲倦，快到坟地时支持不住，连人带车扎进坟地，竟在那里睡了一会儿。醒来，却以为还坐在图书馆里，惊问："咋搞的，停电了？"

著名核物理学家彭桓武

在彭桓武倡导下，理论设计研究室每星期一上午开一次专题讨论会。突发奇想、疑义难题被提出来、排排队，大家共探索、同解决。卓有成就的著名科学家和初出校门的后辈济济一堂，畅所欲言，各抒己见。这里没有年龄与资历的界限，只有对科学真理的平等探讨。会议室的黑板，是大伙儿集思走笔的场所。一个个公式写上去又被擦掉，一个个计算结果得出来又被否定。大家提出问题，答辩论证，实行科学民主，谁的对就听谁的。

所有的人被动员起来，所有的力量都积极加入进来。这些平日里文质彬彬的专家、学者和大学生，为了一个方案、一个公式、一个数据而展开讨论，往往争得面红耳赤、情绪激动。

独到的见解、充足的论证，就是在这里的发言权和说服力。

彭桓武、郭永怀热情地在讨论会上各抒己见，在黑板上写下一个又一个计算公式，以他们深厚的基础理论启发着、活跃着年轻人的思路……

彭桓武从不以科学家自居，始终平等待人，实事求是地与年轻人研究问题，不懂就问。他特别器重和喜爱这些年轻人，深知他们为计算每一个参数所付出的努力。在年轻人对某些问题考虑不周时，他毫不客气提出自己的看法。他把一大串公式写满了小黑板，从不同的侧面启发年轻人的思路。他热情鼓励他们大胆提出问题，从不同的意见中发现每一点有价值的东西。

除了正式讨论会，彭桓武还总去各办公室串门，随时了解大家的想法。他的办公室也是集思广益的场所。为了解决一个又一个疑义难题，他冥思苦想后，又不断找人聊；谁有什么想法闪念，也随时去找他。

多少次，为了论证一个问题，大家争论得口干舌燥，互不相让；多少次，在计算、验证后又"共弃前嫌"，精诚合作。

民主、自由的学术探讨，使每个人的聪明才智都在切磋、辨析、诘难中得到激发，每一个在争论中诞生的假想、猜测又在扬弃、修正、补充中经受检验，灵感的不断被激发，预示着一个伟大工程的蓝图正不断被完善、被描画，并即将诞生在不远的将来。

大量的分析和计算之后，从纷纭的数据之中，一个个在当时文献和资料上找不到的公式终于被列了出来，一个繁复的联立非线性偏方程组由这些天才而勤奋的探索者创造了出来。

可是，在当时的条件下，这个方程组几乎不可解！

中科院唯一的万次计算机一星期只给他们用一天，大量的计算工作只有靠一架产自德国的手摇计算机，每秒10次。苏联的"乌拉尔"先进一些，叫电动计算器，不过每秒100次，算一个除法要分好几步，若算开方，还要查巴罗表。

彭桓武运用他强有力的理论手段把复杂的方程组予以简化，完成了原子弹反应过程的粗估计算，科学地划分了反应过程的各个阶段，提出了决定各反应过程特性的主要物理量，为掌握原子弹反应的基本规律与物理图像起了重要的作用。

彭桓武称这种"粗估"简化的方式为"穷人的办法"。

殊不知，彭桓武在找出起主要作用的那些关联时，所运用的"形象思维"，用心算对数量级进行的"粗估"方法，恰恰是一个理论物理学家成熟的水平的标志。正是由于他巧妙的化繁为简，机器上做不了的计算，也能靠粗估把握大方向，及时检验计算的正误，从而在计算上才能赶上时间，理论才没有辜负作为"龙头"的使命，才能为千军万马斩关夺隘开辟通途。

理论部的进展，牵扯着所有参加原子弹理论设计工程的人的心。如果把这项工程比作一条龙的话，那么，理论设计方案就是龙头。这条"龙"假如没有龙头，或者龙头出了哪怕很小的一点差错，后果都是可以预见的。

1999年10月，彭桓武（左二）与李觉（右二）在清华大学

李觉曾亲自主持理论部的报告会。他热爱和平，热爱西藏，即使在梦里还常看到雪山、草地，重游布达拉宫。但是，为了保卫和平，他不得不留下来，不得不渴望得到更强大的武器。他在受命领导原子弹理论设计工程任务后，即借来中国科学院近代物理所赵忠尧、何泽慧、杨承宗编撰出版的原子能知识普及讲座方面的书，也常听宣讲团讲课，常看核科学家们放的幻灯片和影片。他虽然略知原子能的基本知识，但在这些大科学家、大学者面前，他是一个老老实实的小学生。

这位身材魁梧、爱抽雪茄的将军知道美国曼哈顿工程也有一位军人出身的领导者——格罗夫斯，也知道格罗夫斯身边有奥本海默、爱因斯坦、玻尔、费米等国际著名物理学家。他庆幸，他领导的这支队伍里同样也有在科学领域成就卓著者：王淦昌、彭桓武、程开甲、郭永怀，还有年轻的一代科学家：邓稼先、周光召等。他相信，原子弹的秘密在他们的手中一定能被揭开，挫败帝国主义核讹诈的光辉理想一定能在他们这一代人身上实现。

这一时期，彭桓武除了领导理论方面的攻关外，在科技大学还担任着两门课，另外还指导6个毕业生的论文。教育部规定：一个教授的工作量是两门课或6个毕业生论文。彭桓武干的教授的工作却都是在业余时间完成的。每星期六下午政治学习，李觉放彭桓武半天假，彭桓武就去科大教书。6个毕业生论文则每天晚上安排一个他在家里进行指导……

攻关在继续，然而饥饿却洪水一般袭来。到了1962年年初，原来每月36斤粮食定量下降到了26斤，彭桓武和所有的科学家每餐只能吃到一个馒头，一角钱干菜汤，汤里，只有几星油花。

很多人已经浮肿，有些同志脚肿得只能趿着鞋。

饿了，嚼几粒葵花子。

饿了，喝一碗酱油汤。

这支队伍仍然不懈地向科学高峰进军。

研究所党委做出决定，夜至10点，各室负责人必须把人轰走。但是，常常到了后半夜，到了第二天黎明，科学家们和科学工作者们仍然在做课题，在讨论，在研究。

共同的道德精神把他们聚在了一起，这支队伍在灾难的磨砺中变得更加顽强。

彭桓武他们不可能像奥本海默，在远离两次世界大战战场的富庶的国土上，跟几乎全世界最著名的科学家一起，喝牛奶，吃牛排火鸡，度过他们最初的原子弹理论设计的岁月。

把家从坨里搬回中关村后，彭桓武又常下饭馆，常吃到肉，浮肿得到缓解，且脑子也思维敏捷如从前了。一天，彭桓武欣喜地告诉钱三强说："我缓过劲儿来了，脑子好使又跟当年一样了。"钱三强详细询问他最近的饮食情况，彭桓武一五一十地告诉了他。

不久后的一天，彭桓武和钱三强、王淦昌、郭永怀、邓稼先等走进人民大会堂宴会厅。

彭桓武看到，这里没有会议桌，只有餐桌。餐桌上，碗筷已摆好。很多人低声议论：今天这里将召开什么会呢？

突然，掌声响起来，周恩来和陈毅、聂荣臻走进宴会厅。

主宾席上，周恩来的一边是钱学森，一边是钱三强。彭桓武对身边同志说："好，我们的代表人物亮相了！"谁都明白，也很感动，中央这是给他们鼓劲加油呐。

聂荣臻举杯宣布"会议"开始："各位辛苦了。为了感谢大家，总理要我和陈老总请大家来开会，会议主题只有一个：吃肉！"

彭桓武身体本来就不好，由于饥饿、缺乏营养，他从1958年就开始浮肿，双腿总觉得有千斤重。这次接到开会通知，他以为又像往常一样就某个重大问题展开讨论。出乎他意料，这次会议的主题却是吃肉！

彭桓武愣了一下神，被热烈的掌声惊醒，也使劲拍响了巴掌。

但是，没有人动筷子。

周恩来为钱学森、钱三强夹肉。"吃吧，都要吃，吃好！吃肉补补脑……"

陈毅与每一桌的科学家碰杯敬酒。

聂荣臻看望每一位科学家。

乌兰夫敦促身边的彭桓武吃肉。

在饥荒威胁着全国人民的严峻时刻，党中央向科学家们表示关怀和感谢的礼物，只有这一碗碗科学家久违的肉。这在富裕的年代一定算不上佳肴，但在那时，"周总理请客"，已成为一种激励，一种鼓舞，一种动力。

彭桓武从这个宴会回到研究院，领导他的这支队伍，在美国对中国实行全面封锁，在苏联断绝援助的困境中，拖着浮肿的双腿，又继续进行他们的科学攻关。

从此，科学院副院长张劲夫过段时间就请科学家吃一顿饭，增加点营养。

不久，各大军区和军兵种援助国防科技的食品相继运到。聂荣臻指示：这些食品专供科技人员食用，其他人员不得享受。

研究所食堂开设甲、乙两个售饭窗。甲窗前供应肉片炒菜、白米饭、一碗汤，这是科技人员的专用窗。

有时在这个窗口，每位科学家能得到2两一个用羊油煎的面饼，这种待遇也只有少数几位大科学家能够享受到。

清炖黄豆被加进科研人员的菜盘子里，虽然只有一汤匙，却是宋任穷就任东北局书记后，以东北人民的名义向核科学事业做出的贡献。

乙窗则仍然是馒头和干菜汤。

李觉常和机关干部在乙窗前排队买饭。

李觉对科技人员说:"你们吃好吃饱,才能有力气工作。为国为民争光,也为我们争荣誉啊!"他指着身边的机关人员,说完笑了。

李觉将军在这个时期常四处奔波,为科学家们去要饭讨食。很多人并不了解这件事情。到了"文化大革命",李觉被批斗,有人质问他:为什么常去找万里?

李觉说:"给你们要吃的。"

一天深夜,聂荣臻又走进研究院,看到科学家们的夜餐内容丰富了些,看到一名负责当晚夜餐的干部滴油未沾,他握紧一位领导干部的手,又拍了拍那位同志的肩膀,走了。

聂荣臻也感到饿了,司机递给他一只信封,他从里面倒出几块面包渣,边嚼着又望一眼灰楼。

灰楼——中国核科学的神庙,此时灯火灿烂,学术研讨会

20世纪80年代,彭桓武(右前)和钱三强(左)在一起

正激烈进行。

当原子弹理论设计方案陷没在迷雾中，科学家们在A方案和B方案之间徘徊不前、举棋不定时，彭桓武请周光召复查邓稼先小组B方案的计算数据。周光召在检查时发现，年轻人的计算是没有什么可以挑剔的，问题出在表述方式上，而不是结果有错误。为了这一方案万无一失，周光召从炸药能量利用率着手，求出炸药所做的最大功，从理论上证明了用特征线法所做的计算结果的正确性，使对B方案流体力学现象有了透彻的理解。数学家周毓麟等研究了有效的数学方法和计算程序，经过计算，其结果和特征线计算结果完全相符。

原子弹理论设计终于从迷雾中走出来。

1962年9月，原子弹理论方案终于诞生。

在周恩来和中央专委的组织领导下，围绕我国第一颗原子弹试验的攻关项目，开始了一场全国范围的大会战。党政军民、各行各业、有关部委、有关地区都为核试验事业大开"绿灯"，先后有中国科学院、冶金部、化工部、机械部、航空部、电子部等26个部委、20个省市、自治区，包括900多家工厂、科研机构、大专院校参加了攻关会战。

1962年9月，几乎与彭桓武领导的原子弹理论设计方案同步，王淦昌领导的爆轰试验、固体炸药工艺研究和新型炸药的研制，以及射线测试和脉冲中子测试等工作取得突破性进展，完成原子弹炸药的组装这一部分的设计任务。陈能宽、郭永怀、方正知、钱晋、俞大光等在这一开拓性工作中功勋卓著。

点火装置，在原子弹设计中占有重要地位。到1962年年底，这项工作进展很快，彭桓武作为第四委员会主任，亲自领导并参加了中子点火装置的研究设计工作。钱三强、何泽慧、王方定及原子能研究所的许多科研工作者把生死置之度外，为1963年12月一比二核装置聚合爆轰试验、为原子弹的成功做出卓越贡献。

在科学家和广大科研工作者，以及工人、领导干部共同努力下，原子弹爆炸的那一天——光辉的一瞬，正在悄悄走近中国、走近20世纪60年代中期的中国。

1962年12月12日，包头核燃料元件厂四氟化铀车间投料生产；

1963年3月，完成第一颗原子弹理论设计方案；

1963年8月23日，衡阳铀水冶厂一期工程完工并开始试生产；

1963年11月29日，六氟化铀工厂生产出第一批合格产品；

1963年12月24日，一比二核装置聚合爆轰产生中子试验成功……

青海湖畔初试锋芒

在美国洛斯·阿拉莫斯国家研究所初建时，罗伯特·奥本海默曾制定了选址的原则。最终，在险峻的赫梅斯山脉东部，在巍峨的桑厄·德·克里斯托山脉辉映下，在这所与世隔绝的庇护所里，奥本海默集中了世界上一批最优秀的人才共同研制具有极大破坏力的武器。

一位外国人说：只要改变名字，洛斯·阿拉莫斯就与这个遥远的中国西北部李觉领导的研究院的情形一样。

"这个遥远的中国西北部"的研究院即西北核武器研究院。当彭桓武、邓稼先他们的原子弹理论设计方案确定后，二机部决定将研究院总部西迁青海高原一片荒凉的沙漠里。在这里已经建起试验室、发电厂、试验区、宿舍和一些机加工车间。

彭桓武第一次走进青海高原是1963年的秋冬之交。为进行一比二核装置聚合爆轰试验，检验原子弹点火装置，他和王淦昌、吴际霖、郭永怀、朱光亚、陈能宽、邓稼先、周光召等来到青海湖畔一个叫金银滩的地方。

这里，刚建起几幢暖楼，不远处相呼应的，是几千顶星罗棋布的帐篷。彭桓武看到，所有的科研人员全部住在暖楼里，而李觉将军和许多领导干部都住在帐篷里。

晚上，彭桓武睡不着，伫立窗前。凛冽的高原秋风在窗外呼号，窗户被风刮得呼呼直响。透过玻璃，他隐约可见不远处帐篷的海洋，一股热浪涌上他的心头：只有共产党的干部、人民的干部才如此重视科研工作，如此爱护科学家呀！他想起自己从童年就渴求知识，无论是在长春读小学，还是在北平读清华；无论是在云南大学教书，还是在英伦岛做博士论文，他都是克勤克俭、毕恭毕敬、勤勤恳恳做学问，想成就一番事业。直到新中国成立，他加入原子能所这个集体中，才开始为中国的原子能事业做一些实实在在的工作。教书、育人、开辟新的课题，后来就是核反应堆、核潜艇动力堆工程，再后来就是原子弹。他的所有努力都是为了一个梦的实现,这个梦他一直做了许多年。

今天来到青海湖畔,正是为了这个梦!

想到周总理曾握着他的手说:"彭桓武,这可是政治任务。"想到陈毅、彭德怀、聂荣臻等老帅多次到研究院看望科学家,想到最困难的时期,中央为了科学家们能吃饱四处募捐……陈毅那句"就是把裤子当了,也要把原子弹搞上去",曾经也是他的心声啊!

彭桓武从不善于表白自己,他大脑中所有的神经都是为了科研工作而设置的。即使是在爱丁堡,当法西斯的炸弹掉在城北爆炸时,几乎全城的人都以为法西斯要轰炸这座城市了,唯独他仍端坐桌前埋头研究。

然而,今天来到青海湖畔,进行第一次试验,他的心情无法平静。这一次不但检验他领导和参加的原子弹理论设计方案是否正确,同时也将决定第一颗原子弹爆炸能否在党中央提出的期限之内完成。可以说,这次试验将决定第一颗原子弹的命运。

20世纪70年代,彭桓武(中)与程开甲(右)冯端(左)在香山

彭桓武克服高原缺氧、头晕、气喘等困难，和年轻一代科学工作者一起努力工作着。

终于等到了这一天！

第二天就要试验了，李觉在当晚下令："参试人员今晚要早点睡觉，明天早晨谁也不准早起，一定要休息好，要用充沛的精力，搞好这次试验。"

这一夜，所有参试的科学家和科研人员都没有睡好。彭桓武很早就起来了。他走出门看天气时，看见吴际霖、王淦昌他们都起来了。

吃过早饭，试验车队向试验区进发。

像去迎接盛大狂欢的节日，一辆辆汽车载着科学家和工程师驶出研究院大门。

这一天是1963年11月20日。

李觉和吴际霖乘坐的吉普车走在车队的最前面，以便掌握整个车队的行进速度。陈能宽和苏副总工程师坐在一辆小轿车里，他们的怀里抱着贵重的试验部件。这些特别的部件都用毯子包着以防震动。原子弹的主要部件装在一辆专用车里，两个紫红色长沙发被垫在它的下面。车队到达试验场后，工人们把原子弹的各部件组装起来。就要插雷管了，参试人员都撤回了碉堡，李觉却拒绝撤离现场。

李觉说："我是总负责，只能最后一个撤离……同志们，不要慌，要像往常一样，把雷管插牢，保证一次成功！"接着，他命令安装雷管，并开启记录仪器。

控制室里，人们因激动而骚动起来，年轻的技术人员为模拟这次试验工作了两年多。他们寄希望于试验仪器，它会检测到并记录下点火装置在炸药浇铸件内点燃的精确时刻。

"一切准备完毕！"

"检查完毕！"

陈能宽下达命令："起爆！"

"轰——"火光冲天，地动山摇，巨大的火球翻滚着向蓝天升腾……

示波器上，闪出了蓝色的光亮。

彭桓武和所有在场的人都激动不已。

40分钟后，测试底片被冲出来：爆轰波理想，点火装置点火成功！

皑皑的雪山下，无论是科学家，还是后勤人员，无论年老年少都笑了，他们欢呼，相互拥抱，相互祝贺。

李觉迅速把这一消息报告北京，并激动地说："只要核燃料工厂生产的核部件如期送到，那么第一颗原子弹就可以总装了！"

李觉提到的核部件即浓缩铀球，也就是原子弹的核心部件——铀芯。

然而此时，有关工厂连浓缩铀还没生产出来呐，被加工好的铀芯就更不知命运怎样了。为了浓缩铀厂尽早投入生产，作为核工业部临界安全小组的第一任组长，彭桓武奉命去那里解决临界安全的问题。

为铀235做最后冲刺

宋任穷在任第二机械工业部部长后说："二机部的厂子都在兔子不拉屎的地方。"

兰州浓缩铀厂正是在这样一种环境中。

当年，中苏签订了新国防技术协定后，党和国家领导人决定加速发展中国的核工业，在这一形势下，一个选厂小组在兰州东北约25公里的黄河岸边选中了一片U形谷地。当时这里正筹建一座飞机工厂。于是，中央军委按照苏联专家的建议将该厂让给了核计划。

几年后，当苏联撤走专家时，扔在这片山坳里的是4000多台横躺竖卧的机器。

著名高能物理学家张文裕的妻子、我国铀同位素分离理论研究的开拓者——王承书临危受命，开始了她一生中最辉煌的岁月。

王承书到兰州浓缩铀厂后，和工程师、技术员们一边学习，一边攻关。摆在她和同志们面前最大的课题是如何把4000多台机器正确地排列起来。当时这项工作保密性很强，哪儿也学不来，苏联专家走时把所有的资料都带走了。王承书根据苏联专家留下的4本笔记，反复地研读、核算，然后重新编写，教授学生。技术攻关需要大量复杂的计算，王承书利用身边一台机械计算机做必要的验证。她瘦弱的手指力量不足，只得将中指压在食指上，一下一下地敲打按键。如此单调枯燥的工作，她和两位同事干了一年多，仅有用的数据就装了满满3个抽屉。

正是在兰州浓缩铀厂有史以来最艰难、最严峻的时刻，彭桓武受命来到这里。原子弹的计划正顺利进行，浓缩铀能否按时生产出来将直接关系到原子弹设计任务的完成。经过几年的努力，原子弹设计和制造中的许多难关均被科学家和科技工作者一一攻克，难道因为浓缩铀这一关而拖延计划的完成吗？彭桓武懂得自己肩上担子的分量。

制造浓缩铀，首先要把许多叫作扩散基的设备连接起来，这属于化工方面的工作。这种工厂处理的都是可裂变的危险材料，如果装置不妥，哪怕只有一丁点疏忽，就会造成链式反应事故。因此，对于这里的安全，要求是极高的，要做到亿万分之一的程度。

彭桓武的任务就是要确保工厂不出事故。

彭桓武到后对各种设备逐一仔细查问工厂里的工程师，研究计算哪个环节可能容易造成事故。

制造浓缩铀的主要原料六氟化铀是气体，运输时会腐蚀机械，造成冷却水的泄漏，冷却水又会同气体起反应……如果出现链式反应那后果不堪设想。

彭桓武花了整整3天时间调查研究，一层一层地反复考虑各种各样的可能性。做这项实际工作需要很广的知识面：普通物理、普通化学和普通工程学方面的知识都要应用到，还有应力、腐蚀、蚀孔口径与流量的关系、气体化学反应的速度等。他又一次拿出他优于估算的本领，和他的助手黄祖洽一起进行了大量的估算和计算，并在此基础上，提出监测办法，选择监控点的位置。他提出的原则：哪里最容易出危险就把监测点设在哪里。彭桓武开了一个夜车，拿出了具体的方案。最终，他的这项工作在这里形成一整套规章制度，为浓缩铀厂按时完成生产任务做出了贡献。

在无数科技人员和工人师傅共同努力下，当1964年新年钟声敲响的时候，兰州浓缩铀厂正式启动投产。1月14日，世界上被人们称为难以捕捉的铀235终于被生产出来了。这是一个辉煌的日子。

我国成为继美国、苏联、英国之后，第四个生产出这种产品的国家。

高浓度的铀235被送往核部件加工厂，第一颗原子弹的总装即将开始。科学家们和科学工作者已经听到了那惊天动地的一爆的脚步声……

第一颗原子弹爆炸

核爆炸试验前三天，周总理指派刘柏罗邀请当时在北京的彭桓武、邓稼先、郭永怀等几位核物理学家，乘坐张爱萍总指挥派回的专机一同飞往罗布泊，观看原子弹爆炸实况。

彭桓武一踏上这片古楼兰热土，就被深深地吸引住了。这片没有绿色、被世人称为"死亡之海"的沙滩广漠上，从20世纪50年代末期开始的创业、建设工作现在已初具规模。靶场中心，102米高的铁塔巍然屹立，直插天际。科学工作者、工人师傅、解放军指战员井然有序地做着试验前的准备工作，耐心地等待那辉煌时刻的到来。

"零时"到来之前，为了缓解科学家们的紧张情绪，总指挥张爱萍邀请大家进行了一次短暂的旅行——去古楼兰国观光旅游。

彭桓武高兴得拍手称好，可王淦昌却十分严肃——这位实验物理学家放心不下他的工作。

彭桓武精神愉快地走进了孔雀河。位于库鲁克塔格山丘南面的这条小河长年无水，只有大块大块的鹅卵石铺满了河床。

20世纪70年代末，彭桓武（前右二）与张文裕（前左一）、严济慈（前左二）、杨振宁（前左三）、中科院院长方毅（前中）、卢嘉锡（前右三）在一起

彭桓武重复着"孔雀河"这动人的名字，心想它在几千年前，不，也许几百年前一定碧波千里，滚滚不息，河里有鱼虾，河畔有孔雀，要不怎么会叫孔雀河呢？

这条干涸多年的古河床，给科学家们带来了无穷的乐趣。他们拣起许多五颜六色的鱼螺化石，珍藏起来作为纪念。快到中午时，彭桓武和大家捡来干柴，点起篝火，亲自动手做了一顿美味可口的野餐。

在古楼兰遗址上，彭桓武看到楼兰东、北、西三面有城楼。残垣表明，这些城楼都是由大土坯做成。有人估计了一下，这些土坯一个约有20多斤重。楼兰古城像一所大庙，当他们走到城中心，发现那里是一片废墟——很厚的尘土上有石碗石瓢，有铜钱、土陶碎片。分不清是人还是牲畜的白骨，一堆一堆，到处都是。年代久远，它们都已被风化，一碰就碎。

曾经有过的辉煌和触目惊心的现实形成鲜明的对照，使每一个了解它过去的人都不禁慨然长叹。

在这片古老的国土上，2000多年前建立了楼兰王国。那时，楼兰正处于东西方交通的枢纽，是丝绸之路上的一座繁华城市，水草兴旺，商贾云集，车马不绝。西汉、匈奴和一些游牧民族国家经常为争夺这块宝地而进行厮杀，战争不绝，战火连绵。公元前77年，西汉大将霍光派傅介子杀死了楼兰王，另立楼兰王弟弟尉屠耆为王，更国名为鄯善，国都南迁。到公元4世纪后，楼兰这颗丝绸之路上的明珠悄悄地从历史舞台上销声匿迹了，留给后世的就只有大漠、荒凉、死亡和谜一样的传说，还有苦旅诗人的哀叹悲唱……

彭桓武伫立在楼兰废墟上想了很多、很多……

突然，一群黄羊从人们眼前奔驰而过。羊群由50多只羊组成，羊群过处沙尘弥漫。一只小黄羊被一株沙柳绊倒，栽了个跟头，"咩咩"叫着，爬起来又跑。

彭桓武被荒漠上这一生机勃勃的景观所吸引，立刻就忘记了古楼兰人的苦恼和悲伤。

"零时"终于就要到了。

说来似乎令人不解，那光辉灿烂的时刻越是逼近，彭桓武越轻松愉快。

在彭桓武的意识里，这次原子弹爆炸没有不成功的。这之前，理论方案已经经过无数次的理论验证，均无丝毫差错；10个月前的缩小尺寸的整体模型爆轰试验，在实践上对理论方案进行了最重要的检验。因此，彭桓武就只等那一声巨响后，看天空升起红日一般的大火球……

彭桓武站在距爆心60公里的白云岗指挥所，和其他科学家们及张爱萍、张文裕、刘西尧、李觉等领导同志，边听着音乐，边等候那一刻的到来。

终于，广播里传来倒数计时的报读声："……3、2、1，起爆！"

闪光！强烈的闪光！

铁塔处一个比太阳更大更亮的大火球翻滚着向上升腾，一个蘑菇状烟云矗立在场区中心。

　　原子弹爆炸成功啦！整个观察所一片欢腾，人们不分老幼叫着、笑着，跳着、拥抱着，相互握手，热烈祝贺。很多人情不自禁地从沙丘上跳下，在地上打滚，把帽子抛向天空……

　　彭桓武和陆祖荫站在一起。彭桓武没有叫，也没有跳，更没有与人拥抱。当身边的同志们激动得无法自制时，他正用简易的目测去估计烟云高度，换算爆炸当量。他计算的结果经过验证与后来的测量结果基本相符。

　　当蘑菇云渐渐消散时，沸腾的试验场区也渐渐平静下来，彭桓武眼底酸涩，突然想哭……

　　当晚，核试验基地举行盛大的祝捷酒宴，张爱萍和许多科学家纷纷作诗，以表达豪迈之情。彭桓武此时想到：只有新中

1980年年初，在广州基本粒子会议期间合影。自左至右为朱洪元、张文裕、杨振宁、周培源、钱三强、李政道、彭桓武、胡宁

国，依靠自己的科学家才能完成设计和制造原子弹的任务；只有数十万大军这个集体的共同奋斗，才有核事业辉煌的今天；只有工农兵的团结一心，才有原子弹的爆炸成功。

彭桓武即兴赋诗道：

亭亭铁塔矗秋空，六亿人民愿望同。
不是工农兵协力，焉能数理化成功！

原子弹爆炸成功，带动了中国科学技术赶超世界先进水平。多少年后，中国人说到这件事都备感扬眉吐气。然而，彭桓武从来不居功自傲，他把功劳归功于这个集体，归功于别人。他在许多场合中说："很多工作都是56块去干的。咱们没有包袱，在国外要博士干的工作，我们的56块就投入干了。"

"56块"，指当时拿56块钱工资的大学生。

彭桓武又说："56块万岁！"

第一颗氢弹爆炸

当美国总统还没有走出他"世界历史上最不幸的时刻"的时候，从中国西部双城子发射的核导弹准确地命中了罗布泊靶场的预定目标，并实现核爆炸。这一原子弹、导弹结合发出的轰然一爆，又一次震撼了小小寰球。

美国10年办成的事，中国两年就办到了。

美国官方在保持沉默一天后，于第二天——1966年10月28日发表声明，说这次核导弹试验是在美国"预见的时间之内"。

然而，就在不到8个月之后，中国成功地爆炸了第一颗氢弹。罗布泊这片古老沉寂的荒漠上空升起一颗比10个太阳还亮的大火球，又一次腾起更加硕大无比的蘑菇云。

炫目的太阳使举世震惊。

硕大的蘑菇云叙说着一个不可思议的神话。

从原子弹到氢弹，美国用了7年4个月，苏联用了4年，英国用了4年7个月，法国用了8年6个月。而中国，只用了2年8个月！

这举世震惊的神话是如何被创造出来的呢？

早在1960年12月的一天早晨，钱三强办公室走进来只有30岁的黄祖洽。这位彭桓武的高才生，此时已担任原子能研究所第四研究室的一个组长。

钱三强十分了解这位1950年就加入中国共产党的青年物理学家。他信赖而又严肃地说：

"小黄，今天叫你来，是要告诉你部党组的一个重要决定：为了早日掌握氢弹技术，我们要组织一个轻核理论小组，先行一步，对氢弹的作用原理和各种物理过程、可行的结构进行探索、研究。现在，我们只能靠自己了。"

黄祖洽听着钱三强的叮嘱，顿觉肩上压了千斤的重担，胸腔里涌上一股火一样的激情。

在钱三强的组织下，黄祖洽、于敏等一群年轻的科技工作者，悄悄地向氢弹技术理论进军了。

如果说，我国原子弹的理论设计还有苏联专家讲授的一点原理性东西起了点引路作用，那么氢弹技术在这时却完全是一片空白。

一切从头开始。

这些年轻人凭借最简陋的条件，从基础物理原理这块阵地出发了。他们顽强地拼搏着，探索着，艰难地前进着。

不久，黄祖洽兼任核武器研究所理论部的部分工作。钱三强说："原子能所的情况你可以带到那边去，但那边核武器研究所的情况不能带到这里来。"从此，同志们戏称黄祖洽是个"半导体"。

钱三强、刘杰这一氢弹理论探索先行一步的战略部署，为后来突破氢弹技术打下了基础，赢得了宝贵的时间。

当原子弹理论方案诞生之后，彭桓武率领着他的队伍悄悄地向一个新的课题进发了。

这个新课题就是氢弹。氢弹的威力是原子弹不可比拟的。有人形象地比喻道：原子弹只是氢弹的火柴头。

1942年，美国科学家在研制原子弹过程中，推断原子弹爆炸提供的能量有可能激发大规模的轻核聚变反应。并想以此来制造一种威力比原子弹更大的超级核弹。10年后，1952年11月1日，美国进行了世界上首次氢弹原理试验，试验代号为"迈克"。1953年8月12日，苏联成功地进行了氢弹试验，成为世界上第二个拥有氢弹的国家。

在北京北郊那座灰楼里，1963年，彭桓武做学术报告，从理论上阐述了加强型的原子弹还不是氢弹的原理。

彭桓武的另一位学生周光召做了一个关于氢弹的报告。他抱来一大堆书刊，从其中印有美国、苏联核导弹的外形照片上，他分析这些导弹的外形类别，认为原子弹与氢弹在结构上有很大差别，也可能在原理上相应会有质的不同。

首次核试验成功后，核武器研究所将大部分理论研究人员组织到氢弹研究中来。为了集中优秀人才，加强氢弹理论的攻关力量，二机部决定将原子能研究所的黄祖洽、于敏等31人调到核武器研究所。

至此，通向氢弹秘密的道路上依然是荆棘遍地、山险水急。

1965年1月，毛泽东在听取国家计委关于远景规划设想的汇报时指出："原子弹要有，氢弹也要快。"刘少奇也提出要像炸响原子弹那样早日炸响氢弹。

为了能够从新闻记者的笔下探索到一点蛛丝马迹，他们甚至翻遍了1945年以来的《纽约时报》。自然，这一浩大的工程几乎是徒劳无功。接着，他们又查美国当年审判"原子弹之父"奥本海默案本证词。但是，从这些公开发表的法律证词上，他们搜寻到的科学信息，仅有一条：他们搞的氢弹要用牛车拉。

一个又一个关于氢弹的模型从探索者的脑海中艰难地诞生，又在严密的计算之后被无情地否定。

1992年11月，彭桓武与陈能宽（右二）、朱光亚（右三）在一起

在彭桓武、朱光亚主持下，邓稼先、周光召组织科技人员总结前一段的研究工作，制定了关于突破氢弹原理的工作大纲：第一步继续进行探索研究，突破氢弹原理；第二步完成质量、威力与核武器使用要求相应的热核弹头的理论设计。

彭桓武以他学术带头人的领导魄力召集各种讨论会，群策群力，让不同的观点、相悖的认识汇集在这条集体智慧的河流中。经过他独特卓绝的洞察力的凝聚和升华，最后形成三个方案。彭桓武根据各人不同的研究风格，安排理论部的三位副主任分别带队，展开多路探索。

多路探索，是中国氢弹突破的途径，也是彭桓武作为中国核武器理论研究学术领导人的一种领导艺术。当年在清华校园，他曾对他的研究生说过："做研究时要把眼光放开，看到每一条可能走的路，不要局限在一点；而每一条路又要把它走到底。这样得到的结果，不管是正面的还是反面的，才有可靠性。"

在都柏林工作时，彭桓武曾向薛定谔请教科研方法，薛定谔的微言大义只有四个字：分而治之。

如今，彭桓武实施的正是这一战略方针，他请于敏把氢弹反应过程科学地分解为若干问题后，让理论部的研究人员分兵作战，各自攻克自己面对的堡垒，以期全线的突破。

与此同时，原子能研究所副所长何泽慧率领30余名科技人员，在丁大钊曾进行过的关于轻核反应的科研工作基础上，经过半年左右的实验研究，对热核材料的核反应截面进行了测量，获得了可靠的实验数据。

1965年9月，于敏小组赶赴上海计算所，利用那里的计算机抓紧计算一批模型。"十一"放假，于敏领导全组人员通宵达旦，加班加点。终于，他们发现了热核材料自持燃烧的关键，解决了氢弹原理方案这一重要课题。邓稼先亲自去上海将这消息带回到理论部。顿时，理论部群情振奋。彭桓武马上组织讨论，夜以继日地穷追猛究。一番苦干之后，一道道难关被攻克，一个个秘密被揭开，新的理论方案诞生啦！

这时，时间的步伐已走入1966年冬季。彭桓武、邓稼先、周光召、于敏等人来到青海湖畔的基地，和从事技术研究的同志一道论证并制定计划。

海拔3000多米的高原，氧气只有平原地区的三分之二。彭桓武又一次踏上这片土地，便又处于"不吃不饿，不睡不困"的状态。他全身心投入在神圣而又紧张的工作中，忘记了高山反应，忘记了多病的身体，带领这支队伍奋勇攀登。

新方案，是这个集体无数个日日夜夜心血凝结而成的，是大家智慧的结晶。早日突破，是多少人的向往和理想，他们把希望寄托在这个集体身上。对毛泽东主席"氢弹要快"的指示的落实，氢弹爆炸赶在法国人前面的雄心壮志的实现，都取决于这一方案的成败了。

彭桓武以敏锐的判断力，对新方案充满了信心。他这个学术权威人的态度，为领导下最后决心加上了一个重要砝码。在一次讨论会上，严格的科学论证之后，彭桓武豪情满怀，激动地引用了毛泽东的名句作为结束语："为有牺牲多壮志，敢教日月换新天。"

然而，正当彭桓武和同志们在氢弹攻关中忘我拼搏的时候，一场历史的大劫难正在他们的身后悄悄地拉开了帷幕，很多各怀心思的人正跃跃欲试，准备扮演合适的角色。随着对《海瑞罢官》的批判，一场史无前例的狂风席卷了中华大地，席卷了小小的核武器研究院理论部……

一夜之间，理论部大楼灰色砖墙上和走廊里，糊满了密密麻麻五颜六色的大字报。彭桓武被戴上"资产阶级思想的典型"的帽子，周光召成了"推行刘少奇资产阶级路线的代表"。

邓稼先被抄家。

钱三强受到批判。

王淦昌受到冲击……

在狂热和无知中，某些人打着革命的旗帜横扫的却是最忠于祖国和人民的革命者。在这动乱的年代，张爱萍将军被关押5年之久，刘杰部长被拉上批斗台……

这些科学家在风雨正稠的岁月，抛弃一切个人恩怨，用忠诚、用血肉铸造祖国强盛的形象，用羸弱的脊梁支撑着中华腾飞的翅膀。

在危急的时刻，周恩来、聂荣臻紧急下令，派兵把守研究院宿舍大院，任何外人不得进入；从事机密工作的专家，名字不许上大字报。陈毅、徐向前、叶剑英等也及时发通知，下命令严禁抄家，严禁冲击科学家。

动乱的政局、疯狂的情绪、牛头不对马嘴的理论提醒着科学家和科学领导者们：如不抓紧试验、加速研制氢弹的工作，这项事业很可能半途而废，很可能被葬送在这场风暴之中。真到那时，留给他们的将是终生的遗憾和子孙的怨恨。

加速氢弹的研制工作成为每一位科学家的共同心声和自觉行动，也被列入了中央专委的议事日程。

工厂停产，工人参加"四大"运动，连试验所必需的核部件也无法生产。

经毛主席批准，以中共中央、国务院的名义于1966年下半年多次发出通知，要求维护正常的科研、生产秩序。聂荣臻在8月召开的中央军委常委会上提出，试验基地不要搞大鸣、大放、大字报、大辩论，只搞正面教育。中央军委及时发出通知，制止在各试验基地进行的"四大"运动，从而使试验基地的形势暂时得到基本稳定。

罗布泊，多雪的冬天。

1966年11月下旬，冰封雪冻的西部戈壁又一次迎来了参加核试验的大军，理论、设计、试验、生产、装配，各路人马纷纷汇集到这里，准备进行氢弹原理试验。

罗布泊再一次沸腾起来，热火朝天的各项工作全面展开，科学家、领导者、工人、解放军官兵，汇成了罗布泊热火朝天的激动人心的奋斗画面……严寒退却了，政治风暴也暂时退却了。

仪器安装好了，并调试好；试验装置安全运到，顺利装配。

高大的铁塔耸入空中，塔顶安放着凝聚无数人心血和智慧的试验装置。

聂荣臻元帅又一次亲临罗布泊，坐镇指挥。就在两天前，聂荣臻离开北京时，红卫兵的大字报已铺天盖地而来，要"火烧聂荣臻""万炮齐轰聂荣臻"，甚至有人说聂荣臻到基地是给自己脸上贴金。从烽火硝烟中走来的聂帅不屑于为自己辩白，他心里惦记的仍然是祖国的核事业，他要为之奋斗的仍然是尖端武器的研制和试验。

终于，在连续阴雪天气里等到了宝贵的晴好日子，虽然十分短暂，但指挥员们毅然下决心试验。

沉重的阴云渐渐被风吹散，罗布泊的上空又见一片蓝天。

一年前对新方案拍板定音的刘西尧，突然请各位专家为即将进行试验的把握打分。

彭桓武给了分数，邓稼先、于敏等人纷纷给了分数。几乎不约而同，他们都给了高分。

彭桓武对成功充满了信心。但在"零时"到来时，他悬着的一颗心几乎提到了嗓子眼，手心也出了汗。

1966年12月28日12时，在一片蓝天下，氢弹装置按时起爆。强烈的闪光撕裂天宇，蘑菇云翻滚着直冲九霄，雷鸣般的轰响震动天地。

大量的测量数据表明，氢弹原理试验取得了圆满成功！

戈壁滩欢腾了，在这白雪和阴霾覆盖的大地上，"工农兵"们又一次为"数理化"的成功而欢呼雀跃、拥抱握手，心底蕴藏的激情终于抑制不住喷涌而出，欢声笑语在这片荒原上久久回荡。

12月30日、31日，在马兰招待所，聂荣臻连续两天主持座谈会，讨论氢弹试验问题。到会的有二机部、七机部、九院、基地、廿一所等单位的领导和科研人员，张震寰、李觉、张文裕、钱学森、胡若瑕、王淦昌、彭桓武、朱光亚、程开甲、郭英会、陈能宽、方正知、于敏、周光召等先后发言，大家一致认为：这次氢弹原理试验非常成功，这条路走对了，在这个基础上加紧氢弹试验，我们一定能赶在法国人前面。

会议最后决定：利用这次试验的设计原理结构和已有的航

1978年，彭桓武（三排右三）在庐山参加全国物理学会，与钱三强（前排左五）、周培源（前排左六）、中科院副院长裴丽生（前排右四）等合影

弹壳，于1967年爆响一颗百万吨的航弹空投试验。

罗布泊，巨人的肩膀，一次又一次把一个民族送上强盛的巅峰。它在飞雪中迎候着1967年。

然而，才进1月，核试验的工作正紧张而有序地展开，东北一支红色造反团却旋风一般席卷而来。他们不顾警卫部队的拦阻，强行冲击核试验基地……

氢弹试验前的方方面面的工作遇到了前所未有的困难——很多科技人员参与了派性斗争，把大量研究设计工作丢下不干，整天去"斗争"、开会；工厂机器停了，烟囱不冒烟，氢弹所必需产品加工不出来；铁路中断，试验物资和氢弹运不到试验场区……

彭桓武、王淦昌、邓稼先等科学家们，用他们一颗爱国之心，去唤醒人们为赶在法国人之前爆炸氢弹的理想和热情，用他们厚重的历史责任感带领着这支队伍艰难地前进在风雨如磐的1967年。

在决定第一颗氢弹爆炸多少当量为宜这个问题时，中央采用了彭桓武的建议：300万吨。彭桓武的考虑有较大的保险系数，就算误差再大也有100万吨当量，就算氢弹。

1967年6月17日8时，罗布泊上空成功地爆炸了我国第一颗氢弹。

第一次地下核试验

灰楼，再也不是过去的灰楼了！

彭桓武望着冷寂空荡的灰楼，心中无比悲凉。

1961年和1962年，灰楼是怎样一种热火朝天的景象啊！专家们和青年人共同探讨、相互启发，一个接一个的报告会、讨论会，一个接一个的突发奇想、献计献策……在夏天的雨季里，很多人赶不上最后一趟晚班车，就干脆随便找个地方猫一夜，第二天又接着工作。可如今，人们天天喊的是"革命"，却再也献不出"计"了。人们的心思不在这上面，人们的脑袋里装满了权力和阴谋，科学攻关这一核事业中的主题已被争权夺利、各种名目的批判大会和写不完的大批判稿所代替。

彭桓武从"文革"一开始就认为这场运动"毫无道理"。因此，不管别人怎样动员、鼓说，他坚持自己的立场。不让研究核物理，他还有许多基础课题要研究。他拒绝参加任何一派，拒绝批判钱三强，始终保持他淳朴自然的天性。

1967年12月，周恩来总理指示：继续研究地下核试验。

突破氢弹之后，面对西方核大国的封锁、监视和禁止核试验的呼叫，中国核武器研究工作必须抢时间，在加紧武器化研制的同时，及时转入地下试验，以最快的速度完成第一次地下核试验，在减少地面污染的前提下，进一步进行核武器物理某些规律的分解理论研究，拿到更多、更准确、更有价值的测试结果，为实现武器化研究提供各种理想数据。

在周总理直接领导下，国防科委周密组织，力排干扰，终于决定在9月进行首次地下核试验。

地下核试验有平洞和竖井两种主要方式。平洞指利用地形，开掘一条特殊设计的长坑道，在坑道内放置核爆炸装置和各种探测器，按照特殊的方案回填堵塞之后，实施核爆炸。竖井将核装置和各种探测器一起吊置于大口径竖井底部，回填后实施核爆炸。各有核国家的地下核试验均是先以平洞方式取得经验，然后发展到以竖井方式为主。核试验从大气层转入地下，是核武器研究发展的必然要求。因此，早在1963年9月，二机部和国防科委就我国进行地下核试验问题做了初步的探讨，中央专委于12月做出决定，在抓紧第一颗原子弹研制的同时，把地下核试验列入科研设计项目。经过地质专家和有关人员的勘察、比较、论证，最后决定在罗布泊核试验场内的南山进行首次地下核试验。

这次地下核试验采取的是平洞的方式。由于1966年调整计划，遂决定于1968年年底进行首次地下平洞试验，但由于"文化大革命"的影响，直到1969年春才正式开始这项试验的准备工作。

经周恩来总理批准，定于9月15日完成试验用的原子弹插接雷管工作和开始堵塞坑道。

美国于1957年9月19日在内华达进行了代号为"瑞尼尔"的第一次地下核试验。之后，在1961年和1962年，苏联、英国、法国也相继开始进行地下核试验。

我国于1969年9月23日进行首次地下核试验。这天，没有炫目的太阳，也没有摄人心魄的惊雷，更没有翻腾的蘑菇云。零时15分，一阵强烈的地震波过后，沉闷压抑的轰响向世人昭示着核力量的巨大和威严。朦胧的月光下，群山在颤动，山体表面被剥离的几万方石头滚滚而下，山梁因抖动而腾起雾一般的尘埃。

令人遗憾的是，对这次核试验，科学家们竟一无所知。当巨响和震动把彭桓武、王淦昌等科学家惊醒后，试验已在深夜里结束了。

科学家们去质问有关负责人：为什么不通知我们？为什么偷偷摸摸就炸了核炸弹？

他们的回答是：预防阶级敌人破坏，信不过你们这些科学家！

第一次地下核试验成功了，但许多科学数据没有取得。身为核物理学家的彭桓武、王淦昌在领导和参加地下核试验关键时刻，却被不懂核科学的有关负责人剥夺了一切权利。

望着沉沉的夜空，彭桓武想起前几次踏上这座基地的情景。这一次，依然是"不吃不饿，不睡不困"，依然是参加核爆炸试验，但是，却与第一颗原子弹、第一颗氢弹原理等试验完全不同。彭桓武突然有种异样的预感，这突然的感觉告诉他：这也许是他一生中参加的最后一次核试验！

他想起在古楼兰废墟上，他曾拾拣过陶片、铜钱；在庆贺原子弹爆炸成功的酒宴上，他曾赋诗，"不是工农兵协力，焉能数理化成功"；在核试验场指挥所，他曾为凝聚着数万人汗水和心血的核装置打了成功的高分……

罗布泊啊，被多少人称为死亡之地。然而，在彭桓武眼中，这里才是真正的充满生机、呼唤生命的地方。这里每一次核爆炸都是为了消灭核爆炸，每一次试验核武器，都是为了最终毁灭核武器。

罗布泊，总有一天会永远告别蘑菇云，告别冲击波，告别电光雷火。

第五章

人情世事依然远

体验爱情

1958年的夏秋之交，43岁的彭桓武认识了在国务院幼儿园工作的刘秉娴大夫，开始了他一生中唯一一次爱情的体验。

10月初的一个星期天，彭桓武按照惯例去人民大学看望二姐彭楚秀。这时候，二姐已由上海搬到北京住在大女儿家里。彭桓武事先接到过二姐的口信，让他这天去家里吃中饭。他只当二姐想他了，其他也没多想，随便穿了件衣服走着就去了。

上了楼，走进二姐家，彭桓武一眼就看到一位陌生的姑娘端坐在桌前。见他进屋，那姑娘微笑着站了起来。彭桓武发现这姑娘高挑个，红扑扑的脸庞俊俏又端庄，十分好看。突然，

彭桓武深爱一生的妻子
刘秉娴

一种预感袭上彭桓武的心头：这个姑娘会不会是二姐为我找的对象呀？如果是就好啦！

这个姑娘不是别人，正是刘秉娴。

彭桓武听完二姐的介绍，心中已十分明白：眼前漂亮、文静的姑娘正是二姐为他介绍的对象。他反倒冷静下来。他问自己：她能接受我吗？

不久，彭桓武给刘秉娴去了一封信，信中毫不掩饰地把自己的缺点、不足和欠缺的方面一一列举，大小总有二十几条，如：不会洗衣服、不懂穿戴、不会做饭、对社会科学不感兴趣、对当官掌权不感兴趣、不懂人情世故……彭桓武虽然这时从二姐那里已经了解了刘秉娴的家世、经历，但他心中仍然没底。

刘秉娴，幼年丧父母，与两个姐姐相依为命，16岁学当护士自食其力。几年后，大嫂病故，大哥抛弃三个儿女另娶妻成家，她和大姐承担起抚养大哥的三个年幼的孩子的责任。为了养活一家五口人，她不得不学会做更多的工作，不得不吃更多的苦受更多的累。为了抚养这三个孩子，大姐终身未嫁；而她直到36岁，才遇彭桓武。

刘秉娴终于回信了。信写得不长，娟秀的字迹如汩汩清泉浸透了彭桓武的心田，滋润着他干涸已久的爱情庄园。

刘秉娴在回信中写道："你不会洗衣服，我会；你不懂穿戴，我懂；你不会做饭，我会做，我还懂得什么菜如何吃最有营养；你说你对社会科学不感兴趣，你在自然科学领域已有所建树，这就已经足够了；你对当官掌权不感兴趣，我也不感兴趣……"

彭桓武捧着信感动得流下了热泪。

从这一刻起，彭桓武认定刘秉娴为自己的爱人，决心一辈子全身心地去爱她。

彭桓武和刘秉娴的婚期于12月初定了下来。本打算1959年元旦那天结婚，考虑到坨里二部的工作，彭桓武遂决定提前结婚，定于1958年最后一个星期天为他们的结婚日。

没有婚礼，没有喜宴，新房里甚至连张大红"喜"字也没张贴，一双恋人便成了正式夫妻。

国务院幼儿园以娘家人的身份为刘秉娴举办了一个舞会。会前，彭桓武邀请了朱洪元等少数人参加，当原子能研究所党委李书记和郑书记等人闻讯赶到时，舞会已经散去。彭桓武和刘秉娴乘坐幼儿园的车回到中关村家中。

这一天，大雪覆盖了整个世界，大自然在洁白、纯净、温暖的怀抱中进入了梦乡……

从这一天开始，彭桓武变了。

彭桓武的衣领不再总是挂满油垢，皮鞋也不再总沾满灰土，裤子也不再总是打满褶子。彭桓武开始学习讲究卫生的常识，学习爱卫生的方法，不再把臭袜子随手往床下一扔，不再进门拿起筷子就吃饭，不再把穿脏的衣服堆在床上不管不问……

彭桓武下馆子的次数也少了，尤其请同事们吃饭的次数明显地降了下来。由于成了家，他不但要负担哥哥、五姐、二姐，还要负担爱人大姐的生活。他把每月的工资大部分交给刘秉娴，自己只留一点生活费。

在同事们眼中，彭桓武不那么潇洒了，爱开玩笑的同志干脆说：彭副所长被厉害老婆管住喽！

被老婆"管住"的彭桓武却从生活中体味出另一种潇洒和浪漫。他每个星期六下午从坨里赶回中关村的家里，刘秉娴总是摆上好几样他最爱吃的菜等着他。第二天，两个人拉着手或去樱桃沟、卧佛寺游玩，或去新朋老友家拜访，生活充实而又丰富多彩。彭桓武也渐渐胖起来。

一天下午，彭桓武从所里开完会，赶到国务院幼儿园去看望刘秉娴。由于粮食饥荒，彭桓武发现妻子明显地瘦了。两人说了一会儿话，见时间尚早，彭桓武一个人先回家。

北京的夏天，天气说变就变。刚才还是晴空万里，阳光普照，忽然刮起一阵风，尘土卷起枯草败叶遮没了半个天空，阴云夹着钱币大的雨点噼里啪啦就砸了下来。彭桓武见四周无处可藏就冲进一间男厕所躲了起来。

　　耀眼的闪电才划过天空，轰鸣的雷声便接踵而来。天色在顷刻间昏暗下来，仿佛一张巨大的魔爪把地球攥进了手心。路上行人散尽，许多自行车、三轮车被弃置路旁。

　　雷暴雨来得快，去得也快。不一会儿，天空便出现湛蓝湛蓝的晴朗底色，风也温柔了许多，吹在身上竟有几许暖意。彭桓武踩着淌成小溪的雨水朝家里走去。

　　快到家门楼下时，令他吃惊的是刘秉娴正站在楼道口处左顾右盼。他喊了一声："秉娴！"

　　刘秉娴发现了他，几步跑到跟前。仔细打量了一遍他的衣服，只在鞋上找到几处泥点，她这才如释重负地说："可把我急死了！打那么大的雷，天一下子就黑了，我生怕你出事！"

　　站在彭桓武面前的刘秉娴从头到脚没有一丝干布，脚下已洇一片水迹。

　　彭桓武心中怦然一动，眼窝潮涩，一把把妻子搂住，说：

彭桓武和夫人刘秉娴

"快回家吧！"

夫妻俩回到家，彭桓武感觉妻子身上冰凉，似乎正在瑟瑟发抖。他心疼地说："为了我，把你冻坏了。"

刘秉娴伸手摸了摸他的额头，突然说："不，是你正发烧呐！"

彭桓武不信："这怎么可能？这段时间我胖得连鞋都快提不上了，怎么会发烧呐！"

刘秉娴把彭桓武摁进沙发，脱掉他的鞋，伸手在他腿上摁了一下，只见彭桓武的脚脖子处一个手指坑半天没起来。

刘秉娴哭了："不是胖了，是肿了！"

永远的半张日历牌

时值1976年的春夏时节，彭桓武奉中科院副院长吴有训之命，接待日本高能物理学界客人，走上了长城。这是他一生中屈指可数的此类活动的一次。然而，他的人生经历却被命运的大手从这一天开始重新改写。

吃完饭，彭桓武陪客人走出饭馆。饭馆建在山腰处，十几级台阶把它与地面连接起来。就在下这十几级台阶时，彭桓武感到头晕眼花。他连忙扶住了身边的山壁。

山壁又冷又硬，透出阵阵寒气。

彭桓武扶着山壁一级一级走下去。

突然，他两眼一黑跌下山去。

一阵钻心的疼痛使昏过去的彭桓武醒来。人们小心翼翼把他抬上汽车，直奔市里的积水潭医院。

经医院拍片检查，彭桓武被确诊为左脚跗骨粉碎性骨折。手术在下午进行。彭桓武的左脚跟处被永远地钉进一根长钢钉。

刘秉娴以为丈夫陪日本客人去八达岭观光，下午就会回家。可是，丈夫下午没有回来。她似乎预感要发生什么事，在担心、害怕和焦虑中等到天黑，仍然没见丈夫的影子。

她敏感而又脆弱的神经终于停留在一个主题上：陪日本客人只是一个借口，也许丈夫已经被某些阴谋家迫害了。

愤怒、沮丧如毒蛇一般啃噬着刘秉娴的精神支柱；惶恐、烦乱如癌细胞摧毁了刘秉娴的生命之躯。

直到夜阑人静，有人来报彭桓武住院手术的消息，刘秉娴才从极度痛苦和不安中挣扎出来，一颗高悬的心才从喉咙处放下。

短促的几个钟头如魔鬼之手重塑了刘秉娴。刘秉娴一改往日对丈夫体贴入微、关怀备至的深情，在彭桓武住院两个月期间，竟没来医院一次。

医院离彭家的距离不过七八站地，这令彭桓武不解。当他拄着双拐回到家时，他发现妻子脾气暴躁，容易激动，完全变成了一个他不认识的人。

江青一伙被逐出历史舞台并未给刘秉娴带来多大的兴奋。不久，她便陷入病痛之中。脉管炎给双腿带来的痛苦尚未彻底解除，这时，她又时常感到脖子痛、肩膀酸，咳嗽也一日日严重起来。到医院检查，发现淋巴肿大，医院诊断是由于感冒引起的发炎。

治疗了一段日子后，病情没有得到控制，相反却在加重。

彭桓武领妻子来到肿瘤医院全面检查。医院院长是彭桓武留学英国时的同学。不久，这位老同学告诉彭桓武："预后不良。"

刘秉娴被确诊为肺癌晚期。

回家的路突然变得短暂了。彭桓武从城东南角回到城西北角家中的路上，竟没有想好要不要把这个消息告诉妻子。

回到家里，抱病卧床的妻子只问他"回来了"，却不问他医院检查的结果怎样。彭桓武想：也许妻子已经知道自己患了不治之症。

彭桓武不再犹豫，把医院检查的结果如实告诉了妻子。

果然，刘秉娴在听到这一结果后没有吃惊，只平淡地说："我已经猜到了。"

彭桓武紧紧握住妻子的手说："我们一起和它斗争！我们努力奋斗，一定能战胜它！"

刘秉娴眼含热泪点头赞同。

从这一天开始，一对老夫妻开始与肺癌做顽强的斗争。

经李觉介绍，彭桓武领刘秉娴来到协和医院请专家治疗。经过检查确定了治疗方案：由于癌细胞扩散，手术已无效，只能用物理疗法医治。可是，协和医院的仪器坏了，彭桓武又陪妻子到北京医院治疗。

科学仪器勉强维持着刘秉娴的生命。在接受西医疗法的同时，彭桓武还为刘秉娴请来中医专家。化疗作用见效不大，刘秉娴改吃中药。

当生活中只有与病魔做斗争这唯一一项内容时，刘秉娴累了。终于有一天，她对彭桓武说："我哪儿也不去了，既不去化疗，也不看中医了。现在看来，四处奔波求医问药也是在耗费精力。我累了。"

连续作战且节节败退，也使彭桓武筋疲力尽。他痛苦地接受了残酷的现实，决心尊重妻子的意见，不再四处奔波，把最后的一点时间完整地留给妻子，也留给这个即将破损的家。

一天，下班回到家的彭桓武发现妻子正张罗为他和儿子赶做衣服，这些衣服里有棉衣、棉背心、棉裤，还有单衣：春秋穿的和夏天穿的短袖褂……

彭桓武的眼睛潮润了。回想与妻子共同生活的19年里，他很少关心、爱护她，很少把精力放在她和儿子身上，他感到内疚和惭愧。

夜深人静，彭桓武躲进书房写下了许多献给爱妻的诗篇。一连数日，他沉浸在往日的回忆之中。一贯好忘事的他，对妻子刘秉娴告诉他的事却记忆犹新，尤其这19年的岁月，给他的人生留下了美好而深刻的印象。

彭桓武认真地回忆着，勤恳地写作着。一连数日，刘秉娴不知丈夫在写什么。一天，彭桓武把抄得工工整整的几页诗章放到她眼前时，她愣了：这是一组写给她的七绝，不是一首两首，而是十首！

……刘秉娴怀着对亲人的无比眷恋，怀着对生活的无比眷

1999年9月，彭桓武与儿子彭征宇在昆明石林

恋，永远地闭上了双眼。

晚上回到家，眼望人去屋空，彭桓武和儿子悲从心底涌起，父子俩相拥在一起哭了。

彭桓武小心地撕下了这一天的日历，上面写着：1977年8月15日。

他要把这半张日历牌珍藏起来，他要珍藏起与刘秉娴19年的深厚感情。

刘秉娴追悼会当天晚上，彭桓武被家住北影院里的外甥朱德熊接回家。半夜，他要水喝。等朱德熊把水端来，却发现他已经昏死过去。

彭桓武被送进北京第三医院抢救。

各种措施都试验过，所有能用的药都用过。可是，彭桓武就是不醒。

他高烧不退，脉搏微弱，昏迷沉睡。

已经过去7天，病房外站满了前来看望他的人们：领导、朋友、老师、同志、学生，还有邻居……人们关心这位科学家的生命安危。人们担心这位物理学家就这样紧跟在爱妻的身后也去了。人们呼唤着——彭公、彭先生、彭教授、彭爷爷……

昏迷中的彭桓武愁闷忧苦，不得排解。恍惚迷离之中，他走进了樱桃沟，又看见腊梅"千枝叠错，万盏红灯"，他沉痛感叹道：

> 闻道天公不惜，乍暖还寒，惹苞蕾受冻。情况不同，钝感伤轻，敏感伤亡重。引起愁怀懵懵。
>
> 前若梦，昨惊恸，今犹痛。好春光，谁与共？莫思量，防泪涌。

与死神擦肩而过

"爸爸，你总算醒了！"彭征宇握住彭桓武的手，眼泪洒在白色的床单上。

彭桓武睁开双眼，发现自己遭绑架一般身边吊着许多绳子状的皮管。

醒来，彭桓武第一句话便问："什么时间了？"

儿子说："7天了，您昏迷7天了！"

彭桓武说："我饿了，有吃的吗？"

儿子欲去取吃喝，彭桓武又叫他："小宇，知道我见着谁了吗？——你妈妈。"

一句话，说得彭征宇痛哭失声。失去母亲的悲哀几乎要把他击倒，他伏在父亲床边哭了。

彭桓武拍着儿子的头说："小宇，我们以后不要再哭了。你不许哭，我也不哭了。我们应当高兴才对。我这次昏迷是追你妈妈去了。我追上了她，并见着了她。她在那边非常好，身体健康，再也没有脉管炎、没有肺癌折磨她。我想跟她去，她说：'你的功德还没有圆满，你先回去吧！'我就回来了。"

彭征宇望着父亲痛苦不堪的脸，为父亲擦去眼角的泪水。

朋友们和同志们都来看望彭桓武。在他昏迷的这段时间，他们常守在他身边，守在他的病房外，与他一起经历失去亲人的痛苦。他们大多以为也许永远见不着这位老科学家了。当又见面时，他的这些同甘共苦、相濡以沫、肝胆相照的老师和学生、挚友和同志都激动得感慨万千。

卫生部长钱信忠听说彭桓武住院后打电话问医院负责人："能不能治？如果有困难，就把彭桓武同志送协和医院。"

夜深人静，彭桓武躺在病床上想："我昏迷了七天七夜，这可是一个不短的时间。这么长时间高烧不退也许已经把我的脑神经烧坏。真要这样，做不了研究，我岂不成了废人！"

彭桓武陷入醒来后的迷惘中。

医生称：彭桓武创造了医学史上的奇迹！

彭桓武却庆幸这次的脑膜炎，发烧烧死一部分脑细胞。这"一部分"的自然逝去，意味着他从事原子弹、氢弹科学研究的自然解密。同时，他将好忘事的毛病也归咎于这次的脑膜炎。一次，有人问起往事，彭桓武怎么想也记不起来，就说：都怪大脑炎留下的后遗症！

此话一出，立马就遭到这位朋友的反击：得了吧，彭公，你不是现在好忘事。早在你生病之前，我问你钱伟长戴不戴眼镜，你就说你不记得了。

在清华物理系，彭桓武与钱伟长同小组做试验长达4年之久。可是，"戴不戴眼镜"的问题确实没装进他心里。

1995年10月初，彭桓武（左）与钱伟长（中）宋健（右）在中国科学院院士生日集体庆贺会上

　　然而，他却记得他所欠的"债"。

　　在几十年的科研生涯中，他还有许多课题没有完成，他还有许多设想没有付诸实践，周培源先生、马克斯·玻恩导师对他的殷殷期望，他还远远没有竭智尽忠去实现……

　　这时的彭桓武，虽然逃离了死亡线，但他口歪眼斜，手脚不灵，半边身体麻木，想要去完成这宏伟的计划谈何容易！他必须战胜疾病，像健康人一样自理生活，才有望去做研究工作。

　　出院后，彭桓武去京郊小汤山疗养院疗养。这里山清水秀，风光绚丽，加上疗养院注重用力量器械治疗他的手脚不便和半身麻木，他的精神和身体在这里得到了很好的治疗。但是，过了一段时间后，他找到疗养院领导要求回家休养，理由是在这里每天吃饭要排队，太麻烦。就这样，彭桓武改器械运动为行走运动。他每天天不亮就起床，起先不敢走远就围着住区打转转，开始是一幢楼、两幢楼，后来是八幢楼、十幢楼。为了练习臂力，他选了一棵很粗的树，每天早晚对着大树推。开始推不了两下，他就累得气喘吁吁。练多了，手臂有劲了，他竟能连续推几十次，甚至几百次。

　　为了治疗遇冷天就爱感冒的毛病，天越是下雪，他越是起早外出走步、推树。

　　彭桓武把散步练腿力、推树练臂力也当成做学问一样认认真真，一丝不苟，从不间断。他还参照中医药书籍给自己开药方抓药吃。他清楚地记得刘秉娴生前曾说过，为治脉管炎她吃了许多大剂量的药，这其实是十分有害的。彭桓武以此为戒，每次为自己开药总用那些比较温和的药，剂量也以最低为准。

半年后，他去医院复查，几乎令医院所有的医生大吃一惊：他不但活了，而且还比较健康——嘴歪眼斜及半身麻木已基本治愈，大脑更是十分的清醒。

彭桓武创造了一桩医学史上真正的奇迹！

值得骄傲的还有他的儿子彭征宇。

这时彭征宇已考入北京大学物理系深造。

一天，彭桓武去买菜时遇到中关村医院的一位大夫。大夫一见他就说："你儿子不容易，在那种时候还能考上北大！"

"那种时候"指的正是刘秉娴病重垂危的时候。那个时候，儿子不但要管妈妈，还要管爸爸。他常被迫丢下书本去外面奔波，为这个家……彭桓武眼睛湿润了。他想：自己应当向儿子学习了。

儿子长大了！

新生的喜悦和健康的恢复使彭桓武渴望投入科学研究工作。

而一个新的时代正迈着巨人的步伐向他走来，向所有的科学工作者走来。

"不开会，不出国"

20世纪60年代初就被列入国家自然科学规划中的理论物理研究所，终于在1978年姗姗而来的科学春天的季节里，即将诞生了。

钱三强家的小客厅里，挤满了十几位中青年科学工作者。

他们争先恐后发表自己的意见，热烈而执着地为即将成立的理论物理研究所勾画蓝图。

谁来当所长？

钱三强强调说："理论物理研究所的所长，应当具有世界级高水准的科学价值观和敏锐的学术眼光，能够高屋建瓴地出点子，领导和组织科研；他不但要精通物理学，还要融汇边缘学科的最新成果，他的思路应当活跃在学术探索的最前沿。"

众人不约而同说出一个人的名字——彭桓武。

钱三强说："我看也非他莫属了！"

就这样，彭桓武从此受命建设理论物理研究所，为实现把我国理论物理研究推向世界水平的目标又一次上路了。

面对众望所归和中科院领导的决定，彭桓武再次出任大家伙的学术带头人。不过，他明确提出两个条件："不开会，不

1987年9月，彭桓武（后中）与程开甲（后左）在张家界金鞭溪

出国。"

彭桓武依然还是彭桓武。他从来不愿把宝贵的时间、精力浪费在与科学无关的出头露面上。他的这一原则自然也令许多人不解，正值改革开放春风浩荡，多少人想出国、为出国绞尽脑汁、费尽心机。他却让出国都不出，实在令人费解。

彭桓武在1975年10月游香山时，联想世界文明和科学发展史，有感于人生60年的沧桑岁月而赋诗一首。这首《再游香山》便是他这一时期的心灵写照：

> 叱咤风云半笑迁，年周甲子感联翩。
>
> 人情世事依然远，物理天工总是鲜。
>
> 分化合流察色相，来踪去迹望尘烟。
>
> 香山翠柏迎红叶，胜似春光织锦毡。

彭桓武果然"不开会，不出国"，排除一切与科研无关的杂务的干扰，脚踏实地地活跃在科学研究的第一线。

重新投入他所热爱的理论物理研究工作，彭桓武忘掉了病痛，全力以赴为实现理论物理所在初建时确立的理想和目标。这一理想便是：把理论物理研究所建设成一个交流和综合的新型研究机构，把我国理论物理研究推向世界水平！不久，理论物理所创办自己的学术刊物，并与世界同行广泛交流，迅速及时地了解国际上重要理论物理中心的科研最新动向。从此，理论物理所的科研课题开始跻身于国际竞争的行列。

建所之初，彭桓武和同志们就约定：所长"轮流坐庄"，废除终身制，任期为2年。

1980年，当理论物理所初具实力时，彭桓武递上第一份辞呈。他要把机会让给更年轻的同志。大家希望他连任，他却又递上第二份辞呈，提出不但不连任，而且"从我开始，不设名誉所长"！

大家钦佩彭桓武的民主精神从学术领域延伸到了行政领域。然而，他却认为这样做是理所应当。早在爱尔兰，他听海特勒说起当年德、法两国理论物理截然不同的发展状况时，就立志要学习玻恩等人的民主作风，广育英才，为国家和民族利益贡献才智。

卸任后，彭桓武把主要精力放在了凝聚态物理上。

凝聚态物理是由量子力学的发展而形成的物理学新的巨大分支，它给材料学的发展提供了坚实的理论基础，其应用前景十分广阔。彭桓武了解到国内这方面的理论研究尚属薄弱环节，便责无旁贷地在这块因十年动乱而荒芜了的土地上耕耘起来。

1980年，彭桓武在理论物理所工作了一段时间后，与钱三强谈起我国固体理论工作分散，缺乏学术交流，应仿效粒子理论工作建立学术组织。任数理学部主任的钱三强根据彭桓武的建议，及时与几位有关的学部委员酝酿后，随即由学部召开会议成立了学部下的统计物理与凝聚态理论学术小组。彭桓武出任第一任小组长。

彭桓武联络组织起被"文革"冲散的人马，又向各有关大学做了详细的调查，亲手创建起一个形散而神不散的统计物理和凝聚态理论研究小组。1981年，在第一次全国会议上，彭桓武从凝聚态物理发展的战略目标出发，邀请了交叉学科——化学和生物学方面的专家做报告。这个小组成员虽然分散在全国各地，但他们协同作战，使整个学科各方面均衡发展。他们的工作，为迎接新技术革命的挑战做了基础理论研究的储备。

两年后，彭桓武把组长的位置传给了下一任。

1982年，我国首次试行科学基金制，彭桓武被推举为科学院数理部基金组组长。

科学基金的形式从19世纪中叶出现后，经过一百多年的发展，其灵活的资助方式、严格的同行评议，得到科学工作者们的拥护，被许多国家所采纳。彭桓武和同志们以实事求是的态度、守正不阿的作风抵制着一切不良风气，使这一制度得到贯彻执行，促进了这一事业在我国的健康发展。

1983年，彭桓武又担任了科学院数理学部的规划组长，为2000年中国数理科学的发展勾画蓝图……

这就是彭桓武。

——一个汲汲于真理、淡泊于名利的科学家。

当他所草创开拓的许多工作走上正轨后，当胜局奠定后，当开始收获成就时，他却一一辞去自己的头衔，把这些重要职务一个个移交给更年轻的科学家。他总是在每一项事业基础奠定后悄然隐退了。他"功成不居"，甘愿把自己隐没在事业之中、集体之后。除了科学真理，他别无他求。

　　彭桓武曾是第一、二、三届全国人民代表大会代表，第五届全国政治协商委员会委员，换届前夕，他上书科学院领导，谢绝了第六届全国政协委员的职务提名。

　　彭桓武讳言自己，从不愿抛头露面。出国访问，宴请外宾，他唯恐避之不及。但是，他却十分热心科研方面的公共事务和学术上的组织工作。除了凝聚态小组、科学基金、学科规划等方面工作外，普及性的期刊杂志约他写科普文章，他也欣然受命，并认真按时完成。而且，在科研和组织的繁忙工作中，他还去大学、研究生院、研究所讲课；"文革"后刚恢复招收研究生，他就在中国科技大学研究生院讲授理论物理；1982

1996年8月，彭桓武（左二）、王淦昌（左一）在于敏（右二）70寿辰祝寿会上

年，他主动去北京大学物理系开设分子反应动力学，介绍化学物理这门方兴未艾的交叉科学，并多次回到核工业部他当年工作过的研究所做学术报告，为后来人赶超世界先进水平鼓劲加油。

在彭桓武心中，科学是至高无上的，如果拿它作为达到个人目的的手段，无疑是对科学的亵渎，就不配做一个真正的科学家。

彭桓武只关注科学本身。

"科学是社会的历史的实践。"彭桓武跟踪着人类智慧向求知领域迈进，殷切地瞩目于理论成果尽快向实际应用转化。

彭桓武希望青年一代的努力富有成效。他把自己的经验告诉年轻人，"领域广阔对工作有益也很有趣。如果不能放开眼光、了解全面，只埋头于一个狭小的范围内，也许到死才发现这是徒劳的。目前各学科的界限在消失，理论和应用的距离在缩短。我们在探索时要彼此借鉴，应用时也要知此知彼。既能串起来，又要能深下去，这就是当前的趋势"。

彭桓武念念不忘人才培养这个百年大计："通过艰巨重要的项目锻炼队伍，把能干的人才组织起来赋予重任，通过工作培养和识别人才是最重要的措施。应用研究照样可以培养人才。重要的项目，大家合作去研究，这也是我在核科学领域工作时的体会。"

1984年，第一颗原子弹爆炸成功20周年前夕，国家颁布荣获国家自然科学奖项目和名单，彭桓武领导和参加的核武器理论设计荣登榜首——荣获国家自然科学奖一等奖。按照国家规定，这项一等奖的唯一一枚金质奖章应授予名单中的第一位获奖者。当九院理论研究所所长给彭桓武送来奖章时，他却坚决不受。

彭桓武说："这是集体的功勋，不应由我一个人独享。"

所长说："不，彭公，这是国家的规定，请您一定要收下。"

彭桓武略一思索，接过奖章说："好，既然这么说，我就先收下。"话锋一转，他又说："现在这枚奖章已经归我所有，我就有权来处理它。请您带回去，就放在研究所，送给所有为这项事业贡献过力量的人们吧。"

说话间，彭桓武撕下一页日历，提笔在上面写道："集体、集集体；日新、日日新。"

在庆祝我国原子弹爆炸成功20周年展览上，国家颁发给"两弹"理论设计功勋们的奖章和奖状旁，也摆放着彭桓武的这两句题词。

短短的题词虽然只有10个字，但却赫然展现在大厅中，吸引着无数参观者。每一个知道它来历的人们，无不被彭桓武的精神所感动。国防科工委的领导们看后，都为拥有彭桓武这样的科学家而欣慰和自豪。他们无比感叹道："这个集体一贯作风好！"

当年的理论部的主任们，不约而同地把彭桓武给他们的影响归纳为："他的道德和文章都是第一流的。"

直到今天，这支队伍仍然保持着优良的传统和作风，许多

1993年10月11日，彭桓武与宋任穷、王淦昌（中）在钱三强逝世周年纪念会上

人认为，这"和彭公（彭桓武）、老邓（邓稼先）、光召（周光
召）等人的影响有很大关系"。

荣誉

1995年10月19日，北京钓鱼台国宾馆。

阳光灿烂，彩旗招展。如潮的车流、如云的宾客向世人昭
示这里即将举行一次盛大的集会。

果然，当日，首都各大新闻媒体竞相报道了一则消息：第
二届"何梁何利基金科学与技术成就奖"颁奖大会在钓鱼台国
宾馆举行。

"何梁何利基金科学与技术成就奖"是由香港四位企业家合资设的一个奖项。这四位企业家是：何善衡博士、梁銶琚博士、何添博士和利国伟博士。

1993年6月，利国伟博士在北京见到朱镕基副总理。谈话间，他有感于国内从事科学技术研究工作的学者专家，一般生活都比较清苦，而国家在许多方面的发展正处于起步阶段，资源的分配有所限制的状况，遂决定要在鼓励科技杰出人士，使他们的生活条件有所改善方面做些贡献，便向朱副总理提出"将成立一个专门奖励国内优秀科学家之基金"的构想。他的提议立即得到朱镕基的肯定、鼓励和支持。即日，朱镕基指示有关人员与利国伟先生磋商。四位博士同心同德，不久以信托形式在港注册成立了以四人姓氏为名的"何梁何利奖"基金，并于1995年1月颁布了第一届获奖名单。

国宾馆会议厅里喜气盈人，科学家和政府官员们精神振奋，都在等待即将报告的喜讯。

终于，主持大会的政府官员开始宣布获奖名单——

"彭桓武！"

瞬时，大厅里响起暴风雨般的掌声。

81岁的彭桓武身着蓝色布衣，步履迟缓、神色不安地被这骤雨般的掌声送上领奖台。

接过"何梁何利基金科学与技术成就奖"证书和100万港元的存单，彭桓武有些不知所措。站在话筒前，面对着几十年同甘苦共命运的老同事、老战友，他想说的话很多，他要谢的人

1995年，彭桓武在何梁何利基金科学与技术成就奖颁奖会上发言

也很多，他说：

"在我荣幸地获得1995年'何梁何利基金科学与技术成就奖'的时刻，我心潮澎湃。回顾我的科教生涯，我要对许许多多鼓励我帮助我学习和工作的亲友、老师、领导、同事、学生们表示深挚的谢意和敬意，同时也对我经历中许多美好的机遇感到庆幸。

"特别显著的有以下几点：（1）在1937年'七七事变'后，我逃难时承蒙当时新任云南大学校长熊庆来聘我为云大理化系教员。长春有家归不得，且认昆明做家乡。（2）1949年5月，我从昆明回北平后承蒙钱三强教授邀请我参与一年后成立中国科学院近代物理研究所的组建，并任我为理论物理组组长。这两件事对我当时有帮助，并对我后来发展有长远的影响。我应当向他们致谢。又（3）在中国抗日与世界反法西斯战争的整个时间，我有幸到英国爱丁堡大学玻恩教授处和爱尔兰国都都柏林高等研究院薛定谔所长处，与名家接触密切，继续研究，弦歌不辍。而（4）在苏方撕毁协定，中国决定自力更生研制核武器的初期，我就有幸参与，和新老同事一起为国尽力。像这样难逢的良好机遇怎不令人庆幸？

"美中不足是我个人不够艰苦勤奋，没有周培源先生勤能补拙的精神；我锲而不舍不够，对科学研究缺乏磨砻砥砺的精神。所以未能取得更大的成绩。对这缺点，我近年来才有所认识，以后将注意改进。我愿依照何梁何利基金评选章程规定，获奖后继续在国内从事科学研究和技术工作不少于三年，就我个人论还希望能工作更多几年。时至今日，科教兴国有广泛而切实的含义，重要又迫切。我也希望能有更好的组织工作者来帮助更多好的科技工作者，使他们能获得并利用好良好机遇以取得更多更好的成就。谢谢大家！"

学长加师友的王淦昌是"何梁何利基金科学与技术成就奖"第一届得主。他兴高采烈地向彭桓武表示祝贺。当年，彭桓武一入清华就曾听老师和高几届的学生称赞说：第一届物理系有位叫"王淦昌"的同学品学兼优、聪慧过人。彭桓武努力以这位未谋面的学长为榜样鞭策自己。新中国成立后，他们有幸在一个研究所工作，并一同参加原子弹、氢弹等重大科研项目的攻关，彭桓武十分敬重王淦昌的道德、才能，尤其敬佩他在自然、社会等诸多领域里表现出来的博大精深和精明强干。同样，王淦昌也一直视彭桓武为"良师益友"。每次学术会上做完演讲后，他都要征求彭桓武的意见；在他眼里，彭桓武既是一位"传奇人物"，更是一位严厉而公正的老师：彭桓武说"还不错"，他才有信心把文章拿去发表；彭桓武不满意，就会直面提出批评，从不客气，他也就自己把文章枪毙了。1992年5月底在国宾馆芬芳厅里，王淦昌在由许多著名科学家到会的联谊会上做科学演讲。演讲完走下讲台，王淦昌悄悄问彭桓武："怎么样？"彭桓武说："还不错。"王淦昌这才信心十足地把文章寄了出去。不久，这篇演讲稿发表在《现代物理知识》上。

会上，许多新老科学家和科研工作者都向彭桓武祝贺。热烈的气氛、滚烫的话语，还有沉重的100万港元使彭桓武愈加冷静和沉着。他的学生、时任理论物理研究所副所长的刘寄星，有感于彭桓武领奖台上的讲话，问道："先生，您还不够勤快么？"彭桓武谦逊地说："我比不上周培源先生。周先生有那么

1999年9月，彭桓武在云南大学做报告。手势表示光阑

多社会活动要参加，但他一直在科研上钻研，做学问。如果我像周先生那样，再勤快一些，我还能取得更多的成绩。"

刘寄星的眼睛潮润了。许多年来，彭桓武高洁的气质、天真的秉性、学术民主的精神等都给他留下了深刻的印象。令他难忘的是他在美国读书时意外看到了《玻恩和爱因斯坦通信录》一书，在书上他看到玻恩多次向挚友提到他的得意门生、自己的老师彭桓武……

瞬息之间，彭桓武由一位"中产阶级"一跃而变为百万富翁。是喜？是悲？

奋斗一生，瞬间而获飞来横财，彭桓武喜大于悲。喜，他毕竟可以干一点事了；悲，他总觉得这钱炙手。

大会一结束，彭桓武匆匆忙忙赶到家中。他翻查通信录，迫切地要与一个人取得联系。这个人曾经在他领导下参加核潜艇的研制工作，后因公受伤。他清清楚楚地记得当年她做的每一次学术报告水平都很高。

彭桓武拨通了电话。

"……你的身体怎么样？看病、吃药要花很多钱吧？我来给你报好吗？……我有钱了……"

对方十分感激地拒绝了。电话那头说：医药费由国家报销，生活也还过得去，请彭先生留着钱自己用吧。

100万，对于一个普通百姓来说无疑是天文数字，对于著名科学家彭桓武来说也仍然是天文数字。

不久，有好心的同志劝彭桓武拿上这笔钱去美国或加拿大治病。这时彭桓武身患糖尿病、脉管炎、肾衰等疾病。100万去趟美国、加拿大，足矣。

彭桓武却说："不够。"然后，他把身体和精神的损耗、磨难相加，说："200万也不够。"

彭桓武要用自己的方式奖励那些当年为祖国尖端科学事业做出过贡献，而如今年纪大退下来已没有力量去竞争奖项的人们。他把这一活动取名叫"彭桓武纪念赠款"。

他认定了自己选择的方式。他成立了只有他一个人参加的"评奖委员会"。他既是主任，又是办事员。经过周密计划，他确定了在他生前的颁奖方式：每年把100万的年息作为奖金，第一年年息3万元奖励一个人，第二年6万元奖励两个人，第三年9万元可以奖励三个人……接着，他写信告诉"获奖者"，劝说"获奖者"接受他的奖励，不是馈赠，更不是施舍，而是奖励！经过三番五次的工作，1996年11月初，3万元人民币寄给了那位"每次学术报告水平都很高"的科研工作者。1997年年底，彭桓武把年息6万元寄给了两位他认为值得纪念的人。1998年，国家银行利息下调，年息距9万相距甚远。为了不改变原计划，彭桓武把自己的薪金取出来贴补上，把9万元分别奖励了三位他认为值得纪念的人……

活着，彭桓武将用这种方式表达他对当年投身尖端科学的人们的敬意和赞赏。

死后，成立个什么委员会，他还没想好。

彭桓武一生讳言自己，远避荣誉，因此这件赠款之事恐不被世人所知。

　　彭桓武尤其反感宣传他，对找上门来的记者、作家更是拒绝采访，唯恐避之不及。他的观点是：科学家声誉的建立，应该完全是依靠自己的工作，在严肃的科学书刊发表论文，经过科学界反复的实践，逐渐取得国际同行的公认，而不是依靠新闻媒体冠以"科学明星"的大肆宣传。

　　不过，彭桓武也有例外的时候。

　　还是在1985年年初的一个星期天上午，彭桓武和黄祖洽一同去圆明园散步，与黄祖洽同行的还有一位20出头的姑娘。

　　这位姑娘是北京某大报的见习记者，真实目的是采访彭桓武，向社会宣传这位功勋卓著的物理学家。终于"骗取"了彭桓武的信任后，记者向他提问：当年为什么回国？

　　这个问题在此时是个时髦话题。由于十年内乱后，国人不满足穷困和封闭的生活，遂纷纷跑往外国，许多学子便一去不

晚年，彭桓武和黄祖洽在赏梅

返。一些并不了解中国近代史的青年人，于是对当年放弃国外优越生活和科研条件毅然回到贫穷落后的祖国的老一辈科学家们不理解，不明白当年他们为了什么而回国。

然而，彭桓武一听这个问题就生气了。他站定怒视记者，十分气愤地道："你这个问题的提法不对！你应该说为什么不回国。回国不需要理由，不回国才需要理由！学成归国是每一个海外学子应该做的，学成而不回国报效国家才需要说说为什么不回来！我是中国人，我有责任利用自己的所学之长来建设国家，使她强盛起来，不再受列强的欺负。"

彭桓武到这时已辞去大大小小所有的头衔，而只保留了爱尔兰科学院院士（1948）和中国科学院院士（1955）。

很多了解彭桓武的人常说：在彭先生眼中，最高的荣誉和奖赏莫过于他作为一位中国的物理学家而有机会为国家富强做些工作了。

彭桓武更是把此生能够为国家、为民族做点工作视为无比骄傲和自豪的事。

很多不理解彭桓武的人常说：彭先生把自然科学和社会科学截然分开，并旗帜鲜明地站在自然科学一边，彭先生是个不问政治的人。

彭桓武把自己的命运和国家的命运联系在一起，学成而归国，为民族强盛而奉献毕生，为民族崛起而呕心沥血，组织和培养原子能和核武器理论队伍，带出一批批年轻的科学工作者后，悄然隐退，只做"铺路石"，不做"绊脚砖"，这是多么高尚的品德和精神！这就是彭桓武的政治。难道还有比国家盛衰、民族安危更大的政治吗？

1987年9月，彭桓武在全国计算物理学术会议上做报告

20世纪90年代初，彭桓武在某海军基地博物馆参观

　　80余岁的彭桓武依然孜孜不倦地从事科学研究。这时的研究和学习，被他戏称作"还账"。

　　还的什么账，还谁的账，已无关紧要，重要的是自幼体弱多病，一生献身自然科学研究的彭桓武，即使到了晚年依然把最多的时间和精力用在科学研究上。

　　在他的人生历程中，曾得到过许多荣誉，然而唯独让他看重的只有一个头衔——中国著名物理学家。

　　正是这样一位中国著名的物理学家，在社会上的知名度却并不很高。很多人也许知道一个三流歌手的名字，却并不一定知道彭桓武。正如钱三强所说："彭桓武默默地做了很多重要的工作，但很少有人知道。""他带起了反应堆的理论研究，'两弹'理论是学术领导，同时还培养出一批人，带出了一个学派。写起历史来，归功于他，不是夸大。"

　　虽然彭桓武的名字和业绩鲜为人知，然而，他对中国核科学事业和基础物理事业的贡献却是不可磨灭的。

　　周光召在《彭桓武选集》中作序道：

　　　　随着时代的转移和国家的需要，彭桓武教授不断地开辟新的研究方向，带出了一批又一批的学生。我国理论物理工作者为国民经济和国防建设做出的贡献，在科学发展上的成就，无不与彭桓武教授的努力密切相关……无论是基础研究还是应用研究，在当时的历史背景下，他的著作都是走在最前列的创造性的工作，并解决了实践中提出的大量实际问题。

彭桓武虽已进入耄耋之年，然而他仍然童心不泯，壮心不已。

1995年9月12日，才从香山回到家的彭桓武接到"求是奖"颁奖请柬，看到请柬上有20名青年分获四门奖，谈家桢获杰出科学家奖，心中十分高兴。联想到自己已届80，却仍对自然科学领域的工作满腔热忱、竭智尽忠、不遗余力，彭桓武写下《七律·香山归来见求是请柬感赋》：

> 谁道人生无再少，登高望远自操厨。
> 文章演讲犹为也，保健强心尚凑合。
> 屈辱百秋铭永训，腾飞三步赛先驱。
> 喜看代代英才出，八旬青年总奋图。

唯童心不泯

已经记不清是从哪一年开始拥有它，也遗忘了当年得到它时的经过。但是，它却是彭桓武十分珍爱的东西——他从没像喜爱它一样去钟情于别的东西。

它，是一顶宽檐的草编遮阳帽。

可是，它丢了。

1995年9月中旬的一天，彭桓武从香山回到家，突然发现遮阳帽丢了。仔细回忆，他记起它被丢在了香山上。

　　这一年，彭桓武80华诞纪念日到来之前，他的时间被安排得满满当当，学术会议、访问、演讲，他难得抽空在那纪念日之前前往香山一趟，谁知终于成行却又将珍爱之物丢在了山上。

　　几乎没有经过任何思考，彭桓武于第二天返回香山寻找草帽。

　　香山以其博大、淳朴的胸怀再一次迎接这位老科学家的光临，彭桓武则怀着真诚、崇拜的心情又一次投入到绿水青山的自然怀抱之中。

　　彭桓武崇拜香山，崇拜所有自然的风景。他的足迹常隐没

2005年春，彭桓武和黄祖洽夫妇、周毓麟夫妇、庄逢甘夫妇在北京植物园

2005年4月，彭桓武先生和何泽慧先生在北京植物园

在祖国首都的寂静山林、湖畔幽境之处，也常出没于大好河山的福地洞天和丽山秀水间。彭桓武热爱大自然，每当投身在其中，看山背斜阳，听石边泉涌，观谷峰云涛，望长林丰草，彭桓武的心中便被点染些许悲凉，胸臆之间便鼓荡起雄迈的壮烈情怀和旷达的浩然之气。

彭桓武同大自然亲密无间，他就是大自然孕育的孩子，自然给了他生命。

彭桓武不只用五官去感受这里的自然之美，而是用整个灵魂去体味、去感悟大自然的美和大自然馈赠给人类的思想和灵感 。他常常坐在草地上、山石边，一坐便是几个小时，一坐便忘记了自己的存在；他还常常十分专心看草叶上一颗滚动的露珠折射出七彩的光芒，看一只风鸟边发出悦耳鸣叫边舞动美丽的羽翅……彭桓武在大自然中不断增强对大自然的敬爱和崇拜，不断体味幸福和喜悦的高尚圣洁之情，从而更加敬畏大自然。

彭桓武正是在大自然圣殿中进行仰观俯察和沉思默想时不断汲取自然赋予他的灵性和神气，不断抛弃世俗的陈规陋习和是非曲直，从而逾越生命的有涯和自然的无穷的对立，去把握超越时空的神圣和永恒。

彭桓武是自然的儿子，也必将回到自然中去。他曾指着香山一处对外孙女说："我死后，把我的骨灰埋在那上面。"

外孙女说："好是好，不过你那地方够难爬的。"

彭桓武把生和死都托付给了香山，托付给了大自然。活着，他就是一道自然的风景；死了，他也要把骨灰化入自然的泥土之中。

这就是彭桓武。

这就是中国著名物理学家、核科学家彭桓武。

彭桓武虽然陶醉在大自然的怀抱之中，却并不完全是柳宗元笔下的孤舟渔翁："千山鸟飞绝，万径人踪灭。孤舟蓑笠翁，独钓寒江雪。"而是，彭桓武有他的自知之明，且实事求是。

在于当年4月应邀访问上海复旦大学期间，他做了两场长篇演讲，均受到师生热烈欢迎。他的演讲题目是《八十自述：治学与为人之道》和《八十自述：个人学术思想漫谈》，后来均作为"特稿"刊发在《科学》杂志上。

其中《八十自述：治学与为人之道》中写道：

人与所有生物一样，存在着个体的差异。生物界里没有完全一样的东西，个体与个体之间总有不同之处。每个人所做的事情各不相同，而社会的发展需要人与人之间通

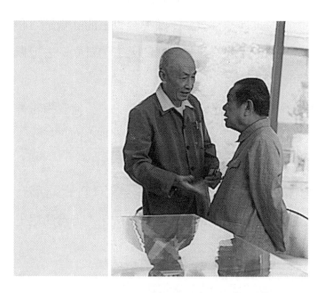

20世纪90年代，彭桓武与朱光亚在一起

彭桓武80寿辰，在家中

力协作。中国有句古语："天生我材必有用。"我们每个人都既有优点又有缺点。因此，我们自己应认真分析自身的优、缺点，从而摆正自己在社会中的地位，扬长避短，才能对社会做出最大贡献。

彭桓武正是充分认识了自己的优缺点，充分发扬长处，避开不足，从而在有限的生命旅程中为社会做最多的工作、最大的贡献。正如一次做完演讲报告后，一位大学生提问他为什么学物理，他想都没想回答说："因为我什么都学不来，所以学物理。"

也并非彭桓武除了物理外什么也学不会，而是他尊重客观规律，实事求是认识自己、把握自己，"该干的一定得干，而且要尽心尽力地干好。工作越难成长越多，工作越紧成长越快。有时会碰到难得的机遇，一定要及时抓住这种天赐良机，把工作做得更好。"他把一生的经验总结为十六字诀：

主动继承，放开拓创，实事求是，后来居上。

彭桓武重返香山寻找草帽也许只是一种借口，一种不顾年老疲劳，不顾炎夏高温，不坐中巴、面的，只乘大"公共"，并徒步连续两天登上香山的一个合乎情理的借口。然而，他却是极其认真的。他认真地寻找到那顶宽檐草帽，认真地把身心投入在自然的怀抱中，认真地又感悟一次自然的无语哲学道理，并认真地回到家就大病了一场。

发烧、出虚汗、拉肚子，气短、无力……他中暑了，且一病就是一个多星期。

为了找回一顶草帽，80岁的他不顾一切重上香山，结果大病不愈。这一结果令他的朋友们伤心和担忧，更令远在异国他乡的儿子一家牵挂。

当得知父亲病重卧床后，儿子征宇打来了电话：

"爸爸，我听说您中暑了，现在好点吗？"

"小宇，我已经好了。"

"爸爸，我听说您是为了找一顶草帽才去香山的？"

"是的。"

1997年8月，彭桓武的儿子彭征宇一家在美国波士顿

"为了一顶草帽，您连身体也不要了！我不知道这草帽就这么特别吗？"

"草帽倒不特别，是一顶破了边和顶的旧草帽，是一顶扔了也没人捡的破草帽。"

"您下次出门别戴它了，免得丢了您又回去找。"

"不戴了，戴不着了——星期天上午，保姆来打扫卫生，连商量也不跟我商量，就把它扔垃圾堆去了。"

彭桓武在电话里答应儿子再不会有重返香山寻找草帽而病倒卧床的事了。

说完，彭桓武就忘了。

转眼到了1996年的春末夏初。这天，天才下过雨，彭桓武四肢骨痛难忍，他拄上拐杖硬是循着往返了无数次的路线又去香山。饱览了雨后香山的秀美景色之后，他又去紧依香山的卧佛寺游玩。一路自然的清新、美丽和纯洁，不但使他精神振奋，且除去了他身体里的风痛，四肢也轻松了许多。结果，去时还拄拐而行的他，在游卧佛寺和回程中，完全没有拄拐却浑然不知。回到中关村家中，他呆住了：拐杖丢了！

这根拐杖却是那顶草帽所无法相比的。

这根拐杖虽然也很旧，且杖下方被坚硬东西碰掉了许多皮，落下许多大大小小的坑，但它却是当年刘秉娴活着时的所用之物，是他一次去颐和园买回专门送给妻子的，那年妻子患上了严重的脉管炎。妻死后，他视拐杖为逝者的信物。

彭桓武于第二天天亮时分重返香山，寻找拐杖。

香山沉浸在往日的宁静和肃穆之中，那根拐杖也静静地立在头天主人放它的位置上，只是身上沾满了香山密林蓬草的雨水露珠。

彭桓武重握拐杖，失而复得后的喜悦充盈在他的胸间。

彭桓武与香山有缘。

彭桓武与自然有缘。

彭桓武毕生投身自然科学，穷其道理，究其奥秘，矢志不渝，万劫不改。

自然对彭桓武也格外关爱，从不抛弃他、冷落他，即使一顶草帽、一根拐杖也为他看护好、守候好。

一生的相伴、相知才有彭桓武一生的幸福和辉煌事业，才有这两次香山的独特的关怀和慰藉。

彭桓武取了拐杖，沿香山往鬼见愁山峰攀登而去。

宁静的山林间，清新的松涛中，回荡着彭桓武朗朗的吟诵：

> ……
> 喜迎晚景清真，
> 诗思萦盈。
> 廉颇刀利，
> 太公钩直，
> 又几番壮我征程。
> 愿宁静而致远，
> 求深新以升腾。

唯童心不泯，

耄耋期颐，

总似年轻。

1999年9月18日，共和国50周年华诞前夕，中共中央、国务院、中央军委在人民大会堂隆重表彰为研制"两弹一星"做出

1999年9月18日江泽民主席授予理论物理研究所名誉所长彭桓武院士"两弹一星"功勋奖章

1999年10月，彭桓武荣获"两弹一星"功勋奖章后在家中

突出贡献的科技专家。作为核科学家，彭桓武榜上有名。在激越的音乐声中，彭桓武走上主席台，接过了江泽民总书记授予的"两弹一星"功勋奖章。

这是彭桓武继1982年荣获国家自然科学奖一等奖、1985年荣获两项国家科技进步奖特等奖之后，荣获的又一殊荣。

"彭桓武星"

时间迈入21世纪，彭桓武依旧过着简单而质朴的生活，每天自己买菜、做饭、洗衣服，请个保姆也只是按时准点来家里收拾一下房间。

孤独，是外人眼中老人生活的写照，但老人自己并不觉得。做数学题、下象棋、写诗……彭桓武乐在其中。特别是写诗，彭桓武以此怡情，借此升华过去。

2003年伊始，彭桓武收到陈省身寄来的贺年片，上写：

Math attracts me far from the world.

Motherland happily returned while old.

Looking back where we were,

Life remains puzzling to me.

> 畴算吸引离世远，
>
> 垂老还乡亦自欢。

回首当年旧游地，

一生得失已惘然。

落款是"新年快乐"。

能和老朋友切磋诗艺，彭桓武分外高兴，当即提笔写道：

答陈省身贺年片

我学我爱，

我行我素。

幸运屡遇，

友辈多助。

I learn what I love to,

I do what I wish to.

Fates have treated me well.

Friends have helped me well.

并回赠道："致羊年大吉"。

这一唱一和的双文诗，饱含了彭桓武与挚友间的深厚情谊。

同年6月中旬，年逾九旬的彭桓武仍满怀一颗赤子之心，创作词一首《有感》：

江河老，学子痴。

人生九十不稀奇。

一脉精忠唯报国，

五成夕照化晨曦。

早晚看作为。

当年的秋天翩翩而来，香山的红叶红得灿烂。彭桓武戴顶草帽，拄根拐杖，再爬香山。

昔日与妻子共同走过的山道，如今迎来了更多的男男女女。彭桓武独自漫步，腰腿病还是犯了。眼看从身边跑过的年轻人个个活力十足，彭桓武意识到自己是真的老了，不得不找个石凳坐下歇歇。

望着满山遍野随风轻舞的红叶，彭桓武仿佛看见妻子刘秉娴宽厚和悦的笑颜。刘秉娴逝去的二十多年来，彭桓武一直为没能在妻子活着时尽最大能力照顾她，而感到深深的遗憾和自责。

2000年，在中科院院士迎春茶话会上，化学家吴征凯看望彭桓武

回到家，坐在电脑前，彭桓武难掩怀念妻子的深情，款款
写道：

香山红叶节归来告秉娴

红叶年年忆偕游，别来独往廿余秋。

人群平日亦熙攘，腰腿老夫难应酬。

遗痛三朝连两暮，酣眠白昼闭双眸。

这般形式将终止，一瓣心香永远留。

在彭桓武的众多诗作中，以贺寿词居多。每逢老朋友、老
同事乃至学生的生日，彭桓武都会赠诗一首。

2003年4月28日是陈能宽的80大寿，彭桓武附信言道：

能宽与我60年代共事一段时间，至90年代转为文字交。今
值其80寿辰，谨申祝贺，愿其生日再多次幸福的回临。

江河老，日月驰。

人生八十未为奇。

一片忠心强国力，

五成夕照化晨曦。

早晚总相宜。

6月11日是冯端的80寿辰，彭桓武同样将贺词送上：

江河老，岁月驰。

人生八十未为奇。

已圆科教兴国梦，

还分夕照作晨曦。

光明整日随。

彭桓武的贺寿词与众不同，他是根据每个人的具体工作和成就而写，可谓独具匠心、精心打造。

2004年2月6日，农历正月十五刚过，朱光亚迎来了80大寿，也接到了彭桓武的祝词：

调寄浣溪沙

回首当年梦幻空！

人民中国沐东风。

几经移位到军工。

细致安排争好省[①]，

全盘计划善沟通。

周旋内外现玲珑。

20天后，又逢王大珩90寿辰。彭桓武回顾与王大珩同学、

---

① 大军工研发中，多快好省，似有如下关系：多方案中求好，好上跨大步，步省则快矣！

共事的峥嵘岁月，写诗赞扬他：

> 一生唯报国，
> 实干且良谋。
> 名就功成后，
> 龄高仍不休。

3月5日，中科院高能所召开了"祝贺何泽慧院士90华诞"大会。彭桓武到场向何泽慧祝寿，并亲自朗诵了贺词：

调寄西江月

> 母校苏州才女，
> 祖乡灵石木兰。
> 军工博士换科研。
> 总是心怀国难。
>
> 大力协同作战，
> 人员设备支援。
> 条条件件总超前，
> 实验加班不乱。

2007年的日历刚刚翻过几页，彭桓武感觉自己的身体大不如从前，稍稍地吹了吹风，感冒就乘虚而入。他想到学生周光召将要在2009年过80寿辰，但恐怕自己年纪大了，届时不能写诗，无法祝贺。他坐在了电脑前，周光召跟随他学习、工作的情景浮现眼前，诗潮涌上心间，发于指端：

> 最初核力启科研，旋赴苏联换地天。
> 几载创新称佼佼，一朝返国报拳拳。
> 破除迷信功为证，发展才能位屡迁。
> 领导众人谋大事，文明富裕任两肩。

彭桓武对与他合作过的同事、学生称赞有加，却不愿意接受别人的褒扬。一次，有记者问彭桓武："您觉得自己在'两弹一星'事业中，处于一个什么位置，起过怎样的作用？"两弹元勋彭桓武说："我只是其中的一员，中国的'两弹一星'就像一栋房子，我是大门前那两个石头狮子。"

彭桓武正是如此谦虚地认为，他所做的工作只是因自己"对自然界有广泛浓厚的兴趣"，他所取得的成就只是和众人、集体在一起做了些事情，他所获得的殊荣是党和国家及人民给予的，他并不认为自己有什么贡献。

2004年10月16日，彭桓武刚过了虚岁90的生日。想到自己的纪念赠款这9年来的发放情况，觉得也是时候向党、国家和人民做一次汇报，于是，他在电脑中写道：

> 在1995年我获得何梁何利成就奖时，我在谢词中首先

提到的便是熊庆来校长和钱三强教授。回来后即决定以奖金做基金，回报核事业合作同伴。那时利率尚高，将奖金分成三份，分别存一年期、两年期、三年期，用利息开始了纪念赠款。第一、二、三届分别赠予一、二、三位在核事业与我合作过、我脑中有印象、并同意接受赠款者。第四、五届仍每年三人。以后因利率下降过剧，乃改以本金作赠，2000年10月底11月初定为本金人民币106万5千元，并增加一位可以是辅助性合作者的名额，所以第六、七、八届每年四人。同时将前段高利率时期的利息另做受赠款者公费医疗中个人承担部分的补助之用。鉴于我年事已高，为及早结束赠款，第九、十届改为每年五人，此外再增加一位特别受赠人，合并在今年进行。总共赠予三十五位，计人民币106万5千元。

现在报告一下受赠人情况……

彭桓武简明清晰地列出了受赠人名单，还提到"解放不久陈毅来清华大学做报告时说打仗下决心前要计算准备死多少人，并推而论之，做科学研究要准备牺牲健康。正是由黄毅英的病启发我2000年年底将高利率时的利息移作医疗报销补助用。"

黄毅英是参与核试验的早期工作者，因"吸入粉末受内照射致病"，很早就从岗位退下，是彭桓武纪念基金第一届的获赠人。彭桓武在当时的赠款信中这样写道：

黄毅英同志：

您好！

彭桓武纪念赠款将于1996年10—11月首次举行。赠款对象为（暂定）彭桓武个人认为在核方面与他合作的工作中值得纪念的合作者。今年初办，只赠一位，希望明年能赠两位。在我多忘的记忆中首先浮出脑海的便是您，希望您能接受这次纪念赠款（不是奖，也不评）。款暂定为每人三万元人民币，已经准备好，现特商定寻求一个合适的时间，请您乘便来中关村一晤……

四年后，彭桓武纪念赠款添加了新的项目，他再次写信给黄毅英：

黄毅英同志：

您好！

报告您一个消息，彭桓武纪念赠款，从2001年开始，将增加一项医疗补助报销，专为过去和未来的纪念赠款获得者，由于公费医疗改革，个人负担份额加重而新设立的。因为银行利率已几次降低，赠款和补助报销均以基金本金支付，用完即结束，所以补助报销金额，根据实际情况，不作任何限制。

……

正值2001年，黄毅英再次因病住院，彭桓武请她的同学带去两万元医疗补助却被原封不动退回，彭桓武只得自己送去了……

电脑前，彭桓武的思绪落在悲痛的回忆上：

> ……随着赠款的结束，我决定也同时取消这项难于运作的医疗报销补助，而将剩下的高利率时的利息（34万）收归己有而转赠我的残病儿子……

彭桓武和刘秉娴的独子彭征宇此时已患癌症，后于2005年11月16日去世。

这是一大笔完全属于私有的奖金，但彭桓武自己没有用过一分一毫，就这样毫无保留地赠送完毕。连最亲近的家人，也是直到生命的最后岁月，才得到了当年本金的部分利息的贴补。

2007年年初，彭桓武先生逝世前40天，最后一次接受作家王霞的采访

彭桓武因此被人唤作："一个到处给人送钱的傻老头。"

在这里，"傻"字是个褒义字。

傻，意味着真，意味着善，意味着美。

1997年10月6日晚，一颗在宇宙中"流浪"多年的小行星由中科院国家天文台在河北兴隆观测基地发现并"捕捉"，后获得国际小行星中心的暂定编号为1997TS18。之后长达5年多的时间里，科研组加强了对1997TS18的追踪观测，并多次"捕获"到它。终于，在主要基于国家天文台的观测资料，可以准确定出它的运行轨道根数后，国际小行星中心于2002年11月20日正式公布赋予小行星永久编号48798号，而其命名权归属中国国家天文台。

1997年10月6日，也是彭桓武82岁的生日，这颗小行星像是特意前来祝寿般地首次出现在了人类的视界里。

为了宣传并弘扬彭桓武先生的学术思想和科学精神，表彰彭桓武院士对我国科技事业特别是在理论物理领域发展做出的杰出贡献，根据中国科学院数学物理学部的建议，国家天文台向国际小行星中心申请将编号48798正式命名为"彭桓武星"。

2006年9月25日，由中国科学院、中国科学技术协会共同主办的"彭桓武院士科技思想座谈会暨'彭桓武星'命名仪式"在中国科技会堂隆重举行。

91岁高龄的彭桓武，衣着红色上衣极富朝气，在主席台上精神饱满地从中国科学技术协会党组书记、常务副主席邓楠手中接过"彭桓武星"的命名证书和图片。与此同时，台下响起雷鸣般的掌声。

邓楠向彭桓武颁发"彭桓武星"
命名证书

　　这是属于彭桓武的盛会，更是属于彭桓武与老同事、老朋友相聚的盛会。朱光亚、黄祖洽、杜祥琬、杨振宁……均到场祝贺，因事未能前来的周光召、路甬祥、王大珩、朱祖良、李政道也都发来贺信向彭桓武表达衷心的祝愿。

　　会上，朱光亚发表了题为《学习彭桓武先生，培养创新型人才》的讲话，杨振宁、黄祖洽、杜祥琬也发表了热情真挚的致辞祝贺，吴岳良做了题为《彭桓武先生的治学精神、为人之道和学术思想》的全面介绍。

　　周光召在贺信中说："彭先生不但教给了我很多科学知识、科学方法，而且以他的言行，教给了我很多做人的道理，彭先生从来没有把学生当作学生，而是当作朋友。彭先生的最大特点就是他有一颗赤子之心……应该说新中国的理论物理事业，他是第一人，而且无论是从队伍的培养组织到一些基地建设，都是彭先生起头的。只要看到国家需要，在任何困难的条件下，他一定义无反顾地去做。彭先生是我国核物理理论、中子物理理论以及核爆炸理论等各种理论的奠基人，差不多所有的这方面的后来工作者，都是他直接或是间接的学生……彭先生虽然90岁高龄了，但是他仍然在研究当前理论物理、粒子物理中间最前沿的领域；研究天体物理中间，如何解释现在天体上发现的像暗物质、暗能量等一系列的现象。我非常幸运能够成为彭先生的学生，学习他的做人、做事、做学问。和彭桓武先生一起工作过的同事和其他学生都希望有机会以他的名字命名一颗行星，以弘扬彭桓武先生热爱祖国、无私奉献、唯真求实的科学精神。今天这个愿望终于实现了：国际天文学联合会小天体命名委员会已正式批准了'彭桓武星'命名。希望年轻的物理学工作者，能够向老一辈科学家学习，为中国的科学去开拓更

彭桓武与杨振宁

彭桓武

多更新的领域，在世界科学的前沿领域做出老一辈科学家那样的工作，使得中国科学能够更快地到达世界的前沿。"

　　会议高度评价了彭桓武为我国科教事业和国防科技事业的发展做出的重大贡献，盛赞他热爱祖国、无私奉献、学术民主、求真务实、开拓创新、淡泊名利、奖掖后进的崇高精神，称他为我国科技界学习的楷模和典范。

永远的怀念

　　生命，是自然赋予人类去雕饰的宝石。然而，这块"宝石"需要我们自己雕刻、琢磨。

有人浪费生命，"宝石"变成"劣石"；有人游戏生命，"宝石"变成"顽石"。彭桓武则将属于自己的这块生命宝石雕琢成为"钻石"。尽管历经磨难，饱受艰辛，他的风采、思想和精神依旧如钻石一般璀璨明亮。

迈入新世纪的这些年来，彭桓武一直在研究宇宙学，即广义相对论。当他90寿辰的时候给大家做学术报告，题目就是《广义相对论——一个富有刺激性的理论》。彭桓武自己操作电脑，用全英文的幻灯片跟大家阐述他所思考的广义相对论问题，思路清晰，没有任何废话，有的只是十分浓厚的兴趣。2004年和2005年，彭桓武还在《理论物理通讯》上分别发表了用狄拉克大数假说讨论广义相对论和宇宙学的两篇文章。

2007年元旦，彭桓武感冒了。随着感冒而来的各种病症耗损着他的身体，迫使他无法在电脑前常坐，也无法长时间手捧书籍观看。虽然病痛侵袭着身体，但他的思维仍然在自然科学的世界里遨游。彭桓武亦知道，自己的身体此时正在和病魔进行着一场生死存亡的较量，令他不能满意的是，在这场较量中，似乎是病魔越来越占据了上风。

1月22日，彭桓武终因感冒造成的呼吸困难而被送进北京医院。

自从彭桓武住进北京医院后，中国科学院理论物理研究所所长欧阳钟灿院士和副所长吴岳良、牟克雄每天都会轮流来医院看望。

彭桓武要求欧阳钟灿给他带一台笔记本电脑，他还想用它来写文章。欧阳钟灿不忍见老人病重操心，但还是照办了。彭桓武很欣慰，虽然此时他的身体已经十分虚弱。

上了呼吸机后，彭桓武不能说话、不能吃东西，但头脑一直很清醒。他用笔写他想说的话，与医生进行病情交流，向来访者道谢。

2月初，周光召闻讯来到医院看望彭桓武。彭桓武在纸上写下："多谢了，生命之魂在耳。"从1951年到1954年，周光召做彭桓武的研究生，到后来一系列重大尖端科技事业的工作，他在导师身边学习做人，学习做研究的方法，学习做学问，从导师身上继承和发扬优秀传统和品质……往事如烟，历历在目，周光召强忍泪水，可泪水还是流了下来。

病重期间，彭桓武想到了之前和湖南大学物理系主任刘全慧合作写的一篇文章还没有写完。2月8日，刘全慧特地赶来北京医院，彭桓武一见他就迫不及待提笔问他："你算过什么？"

与刘全慧探病的情况相似，理论所的陈裕启研究员来医院看彭桓武，彭桓武关心地在纸上写道："实验对你有帮助乎？"

2月18日，黄祖洽来到医院，看到既是良师更是益友的彭桓武在病中忍受着痛苦，他的心里非常难受，不禁潸然泪下，泣难成声。

"彭先生真不简单，一辈子都在为科学贡献。"于敏院士于21日来医院探望时，对欧阳钟灿说。此时，彭桓武已经不能睁开眼睛了。

彭桓武从未惧怕过死亡，他早就留下遗愿：丧仪从简，不举行任何纪念仪式；骨灰与夫人刘秉娴的骨灰合并，不存放公墓，归返自然；藏书赠理论所图书馆，电脑、打印机和桌子、转椅等归还理论所；"两弹一星"金质奖章赠给国家一级的军事博物馆……

2007年2月28日21时40分，彭桓武在北京逝世，享年92岁。

北京医院和欧阳钟灿商量能否做病理解剖，本着彭先生一辈子为科学献身的精神，欧阳钟灿又致电彭先生在美国的儿媳，她也同意了。3月1日，彭桓武的遗体在北京医院接受解剖。

"亲戚或余悲，他人亦已歌。死去何所道，托体同山阿。"

3月1日，黄祖洽院士像往常一样来到办公室，打开电子邮箱，未料想却收到彭桓武病逝的噩耗。一瞬间，彭先生给他的师生之情、教育之恩如暴风雨般袭来，他任泪水横流，挥笔写下：

文章道德，体现遗爱；高尚理想，后人承载。

彭桓武先生逝世的消息传出，诺贝尔物理奖获得者李政道先生向中科院理论所发来唁电：

钟灿所长：

惊悉彭桓武老师2月28日不幸病逝，不胜悲痛，谨致深切哀悼。

桓武师是一位非常杰出的理论物理学家。在他从事科学研究70多年里，在理论物理的研究中，先后与著名物理学家马克斯·玻恩、海特勒等合作，在固体物理、介子物理和量子场论等方面做出了世界物理学界所公认的重要成绩，在物理学史上书写了光辉的一页。他更为祖国的强盛和科学技术事业的发展做出了杰出的贡献，并为祖国培养了几代物理学人才。他是一位真人真学者，我非常敬佩他。他的科技思想之开阔和求深、治学之严谨、人格之高尚，都是后人要认真学习和发扬的。他的逝世对祖国的科学和教育事业是一个巨大的损失，也使我们失去了一位良师益友。他的学术思想、治学精神和高尚人格无疑将同天上的"彭桓武星"一样与日同辉。请代向桓武师的家属转达我对他们的亲切慰问。

李政道

2007年3月2日

"两弹一星"功勋奖获得者陈能宽院士在2日下午惊闻噩耗：彭公走了！陈能宽因2006年4月不幸摔伤腿，股骨脱臼，一年多来很少走动，也就没来得及去医院看望彭桓武。现在算来，两个人的最后一次见面还是在2005年的春天，陈能宽拜访彭桓武的新家，两人品诗论词，畅聊两个多钟头，好不惬意。但现在，陈能宽再也听不到彭公亲切地喊他"老陈"了。

如今往事只能回味，陈能宽向《科学时报》记者回忆起与彭桓武一起工作的时光，说："很多人都以为我们在一起只会谈科学谈研究，其实我们的话题很多，即使是在做'两弹一星'

研究的时候。我们在一起从来不会冷场，都是抢着说话，从科学问题到诗词，甚至到天文、地理、宗教。偶尔也会拉家常，他给我讲他的父亲、爱人、儿子……其中，有一个问题是我们每次闲谈或谈话必不可少的，就是关于年轻人的培养。彭公常说，'摸爬滚打应该是在年轻的时候，年纪大了，心有余而力不足。年纪大的人就做两件事：一是把握方向，让年轻人少走弯路；其次是培养年轻人，不光是技术方面，也要在道德品质、修养方面进行培养'。"

与陈能宽一起得到彭桓武去世消息的还有中国科学院院士陈佳洱。陈佳洱闻听后，感到万分悲痛，他叹惜："彭桓武先生的去世，是物理学界的巨大损失！"

3月的北京，天空沉沉，雨雪绵绵，天地同悲！

3月6日出版的《科学时报》以四个版面的大篇幅做了详细的"纪念彭桓武先生特别报道"。彭桓武的老同事、老朋友和学生均表达了对他无尽的哀思。

杜祥琬院士追忆道："彭先生一生有两个动力，一个是国家战略需求，一个是对科学的执着追求。这两个动力推动着一位科学家为祖国工作了六七十年……老先生们一个一个地离去，他们创造了载入史册的业绩，而他们的价值观和经验则是最宝贵的……彭先生这几十年的工作，包括应用性很强的核武器的突破、基础性前沿性很强的理论物理工作。从他身上，我看到科学技术的发展有两类动力，一个是国家需求，一个是对科学的执着追求。钱先生推荐他到九所去工作，他就隐姓埋名为中国的核事业毫不犹豫、毫无怨言地工作；后来，他的夫人去世后，将近30年独自一人生活，他靠的是对科学的执迷、对真理的追求，一直活得很有劲头……彭先生为国家、为科学奉献了全部的智慧和一生的精力，自己不留任何东西。他是一个真正的科学家，唯真求实，踏实地做学问……彭先生不太善于言辞，不是一个擅长演说的人，如果让他讲非技术、非科学的东西，他不大会讲，但是讲起物理学来非常有条理……科学理念本身就具有朴实性和实践性，这在彭先生身上体现得很好。他始终工作在第一线，亲自推导公式、方程；他虽是理论物理学家，但却非常重视实验。今天的科技界尤其需要这样的精神，在市场经济体制下，如何树立为国家、社会贡献的价值观，而不是满足于自己出几篇文章、得几个奖项等。这些不是目标，而是为国家社会贡献的结果。彭先生从来没有想过要得什么奖，他是科学家做人的楷模。"

粒子物理学家戴元本院士是第二天晚上知道彭桓武先生去世的，是夜，他几乎一夜未睡，与彭先生相识的30年经历顿时浮现在了脑海里。

戴元本告诉《科学时报》记者，2006年彭桓武做的平生最后一场报告，讨论的是将粒子物理标准模型中的规范理论和爱因斯坦引力理论统一起来进行描述。这个报告，彭桓武讲了将近两个小时，"他讲得很仔细，从里面可以看出他不是大致想想这个问题，而是自己进行了计算，他把自己详细的计算都讲了出来。他的思维始终很清楚，非常严密。他严密思考的能力以及抓住物理基本问题的能力就像个年轻人。我们都很惊讶。我自己做到彭先生那样都很困难，我现在79岁，可能跟他接近，但到他那个年龄肯定远不如他。"

提起那次报告，戴元本心中有一个旁人都不知道的遗憾。他继续告诉记者，彭桓武在做报告之前，特别希望他能去，因为他是搞粒子物理研究的，彭桓武很希望能和他交流，但当时他们交流不多。"回来后，我一直在想那个事情，本想今年春节去拜访他的时候，再详细跟他谈论那个报告。"然而，戴元本没有料到，彭桓武病来如山倒。1月底，他去医院看望彭桓武，正好那天他的病情开始恶化，精神状态很不好，戴元本就没有提讨论的事。戴元本满怀无比的遗憾："以后都不会有机会和他讨论这个问题了。"

戴元本无力从悲伤中走出来。他为彭桓武先生晚年孤独的生活而哀伤痛心。他告诉记者："彭先生的去世，或许跟他儿子去世也有关系。"彭桓武儿子2005年底不幸患病去世，在众人眼里彭桓武表现得很坚强，仿佛若无其事。但细心的戴元本看出了彭桓武的变化。他发现彭先生的身体从那个时候开始变差，精神明显不如从前。他知道，三年前，正是为了儿子从美国回来上楼方便，彭先生才搬进了有电梯的新宿舍楼。但彭先生的儿子最终还是没能回来，他心里承受了多么大的痛苦啊，这痛苦旁人是无法理解和承受的。2006年除夕，欧阳钟灿院士和吴岳良副所长走进彭先生家，要陪伴彭先生一起过除夕夜。但他们刚坐下，彭先生就跟他们讨论学术、讨论物理，不多久就下了"逐客令"，说他要工作了，他不要他们陪他过除夕。

彭桓武作为世界知名物理学家，他逝世的消息也逐渐出现在国内外各大网站上。

贺贤土院士就是从美国的朋友和网络上得知彭先生去世消息的。他接受了《科学时报》记者的越洋电话采访，说道："现在真是后悔我来美国之前没有再去看他一次，再跟他聊聊。跟他接触不久我就发现彭先生有很高的物理学造诣。作为一位理论物理学家，他不仅仅研究理论，还投入了极大热情把物理原理应用于实际。在我一生中，他是少数几个影响我的学术成长和帮助我获得科研成就的科学家之一。有两个方面不得不提，总体来讲就是学会抓主要矛盾。在研究一个复杂系统时，彭先生教我们先把它分解成多个子系统，然后再一个个地分别研究这些子系统。当着手研究其中一个特定的子系统时，先固定其他子系统，并把这些子系统同那个特定子系统之间的作用作为给定的条件或参数加到这特定子系统上，这样，研究那个特定子系统时就变得相对简单，通常可以更容易地获得结果。最后总可以发现只有少数一些子系统是重要的，能支配整个系统的行为。再做一个集成，就可以得到清晰的物理图像，并得到整个复杂系统的主要结论。彭先生把这种方法称作分解研究方法。另外，彭先生有一个很大的本领，他可以巧妙地使用粗略估计法这种技巧去研究一个未知的复杂系统，求解系统方程时，彭先生可以首先粗略地估计出方程中各个项的量的大小，然后判断出哪些项是重要的，必须保留，其他的可以忽略。这样处理之后，方程往往很简单。尽管结果不那么精确，但是最本质的要素都获得了。他有一个形象的比喻：3和1相比，3就是无穷的。就是说方程中一项的估计值是3，另一项是1，后者就可以舍去，因为它较小。这两个方法是我们的两件宝啊！可以说影响了我们所，也影响了我们这一代人的研究工作。我之后能做出一些成绩，受他影响很大。"

3月4日上午，当《科学时报》记者将电话打到清华大学教授应用数学家林家翘家里时，他才吃惊地得知彭桓武先生逝世的消息："他怎么就走了呢？"

林家翘和彭桓武的最初接触是他们在清华大学的学生时代，两人都是周培源教授的学生。彭桓武1931年考入清华物理系，林家翘则在1933年考入清华物理系。林家翘说："他比我高两个年级，我们当时的接触并不是很多。但他那时已是清华物理系的高才生了，成绩非常好，很了不起。当时中国的高校极少有实验条件，所以在高深的研究上只能做理论研究。那时学物理，学成是很不容易的，彭先生就是学成者之一。"

因专业的不同，后来两人再见面已是21世纪的事了。2002年，林家翘先生决定从美国麻省理工学院回北京清华大学定居，并创建周培源应用数学研究中心，彭桓武受邀欣然前往。在庆祝晚宴上，彭先生发表祝词，两人共同回顾了当年的清华时光。2006年，在清华大学物理系建系80周年的庆祝活动以及庆祝彭桓武从事科技事业70年的学术会议上，他们多次见面，共叙往事。虽然"彭桓武星"的命名仪式林家翘本人因为身体原因没有亲自到场，但是也愉快地送上了他亲笔写的祝词。最后，林家翘说："彭先生在理论物理方面做得很精深，在国际上非常出名，而且他培养或领导出来的人都很能干、很有成就。"

中国科学院院士于渌表示："对彭桓武先生最好的悼念是学习他的精神；不一定都能学到，但是努力学一点，对我们科学技术的发展来说可能是很有益的事情。尤其是我自己，应该向先生学习，努力做好自己的科研工作。"

中科院理论物理研究员刘寄星是彭桓武的"半个学生"，这还得从1964年说起。那年，刘寄星考取中科院原子能研究所黄祖洽教授的研究生。下乡劳动一年之后，在1965年所里举行的师生见面会上，彭桓武先生宣布，他和黄祖洽的三个学生由他们两位导师共同指导。刘寄星说："所以，我只是彭先生的'半个学生'。但是，彭先生严谨求实的科学态度却深深感染了我。"

刘寄星在接受《科学时报》记者采访时说："2007年1月上海出版的《科学》杂志（59卷1期），翻到最后一页，只见上面刊登了一封更正信，信的全文是：'贵刊2006年1月（58卷1期）登载我文《具有启发性的广义相对论》后，再继续研究中，我发现该文中一等式（该期42页左栏下倒数第12行）右侧第三项的系数有错，$-N/2$应为$+N(N-3)/4$。因而此后直至文尾段前的讨论皆应作废。彭桓武，2006年11月16日。'"

彭先生发出这封更正信的时间，离他去世只有三个多月。刘寄星说："这是我所发现的有彭先生署名在正式科学刊物发表的最后的材料,这封信足以反映彭先生一生严谨求实的科学态度。"他又回想起1965年第一次师生见面会上,彭桓武先生对当时包括他在内的三位研究生说:"理论物理学家要纵横捭阖、所向披靡。'纵横捭阖'四个字的意思,就是综合利用已有的理论物理知识,解决实际中出现的一切物理问题。"

纵观彭先生70年的研究历程,在基础研究方面,他先后从事过固体理论、量子场论、介子理论、核理论、反应堆理论和广义相对论与宇宙学的研究。在应用研究方面,他从理论上解决了核武器原理和设计、核燃料生产加工临界安全等重要实际问题。在开拓新方向上,他相继大力推动我国原子分子物理、凝聚态物理、化学物理、理论生物物理研究。"纵横捭阖,所向披靡"八个字,的确是他数十年科学工作的写照。

刘寄星说:"彭先生对科学精神的看法是独到的,一般人做研究只关注自己的领域,但他认为物理世界是一个统一的整体,不要把自己限制在较小的领域内,要放在整个自然界中去看。

彭桓武在报告会上

这些，从他本身在物理学上做的事情都可以折射出来。"

彭桓武先生鼓励后辈的一句话令刘寄星记忆尤深，这是他在1965年原子能所研究生导师见面会上，宣布三位研究生的研究方向是等离子体理论时说的："我和黄祖洽都不懂离子体物理，你们边看书边看文献，读懂了教给我们。如何解决问题就要靠你们去纵横捭阖了！"刘寄星认为，正是彭先生的这段话教给他终生难忘的治学法宝：自己努力去取得知识、解决问题，而不是靠老师把着手教会自己。

还有不少学生曾有幸听过彭桓武先生的教诲，即使一面之缘仍难以忘怀。彭先生逝世的消息传来，网络上怀念、哀悼、道别，回帖不绝：

> 拜先生学品、人品俱佳，淡泊一生、不羁名利。再拜！
> 愿先生在天国安康！风骨永存！

> 80年系庆时，老先生那沙哑的声音和清瘦的身影，我仍然记得很清楚。

> 90年校庆时，有幸见到先生一面，至今久不能忘，祝先生在另一个世界永享安乐！

> 我于2002年在研究生院有幸听过先生的一个讲座，当时他提到量子力学的很多公式，我仍然记得很清晰。

哀悼！我听过彭先生的讲座，非常感动！

去年，还在理论所主持冷核聚变的研究会，有幸一见，老人家思维很活跃，精神还好。

到晚年还一直从事科学研究，真令人佩服！哀悼！

去年，在以他老人家命名的理论物理论坛听到他的教诲。哀悼！怀念！

彭先生走好！随着老人们的离去，一个时代逐渐落幕。
……

3月6日上午9时，彭桓武院士遗体告别仪式在北京八宝山革命公墓举行。国家主席胡锦涛，国务院总理温家宝，中共中央政治局常委、中共中央政治局委员等都送来了花圈，国务委员陈至立，全国人大常委会副委员长、中科院院长路甬祥，中科院常务副院长白春礼，中国工程物理研究院院长朱祖良与周光召院士、朱光亚院士、于敏院士、黄祖洽院士、陈能宽院士、吴文俊院士、张存浩院士、何泽慧院士等，以及来自中国科学院、中国工程物理研究院、清华大学、北京大学等单位的600多人前来向彭桓武做最后的告别。

彭桓武安卧在百合花丛中，灵柩前方是孙女彭立远敬献的花篮，其上的卡片写着："爷爷再见"，花篮上别着一封信：

2002年11月，彭桓武与孙女彭立远在家中

我亲爱的爷爷：

　　您是一位伟大的爷爷，谢谢您。即使您到了另外一个世界，我在心里始终爱您。谢谢您赋予我爸爸以生命，谢谢您如此伟大的爱。

灵堂前的挽联上写着：

　　物理宗师学贯中西探宇宙穷自然取天火壮国威勋业永存华夏
　　学界楷模德昭日月育桃李正学风树亮节留典范精神长驻人间

　　这副挽联由黄祖洽院士、郝柏林院士、刘寄星研究员、郑伟谋研究员共同为彭桓武所作。

　　任何华丽赞美的词藻，都难以言尽彭桓武先生的术业专攻和人格魅力。

　　彭桓武院士是我国在国外获得教授职位第一位回国的理论物理学家。尽管他当时决定回国而失去了在量子场论等前沿领域取得更大成就的良好时机，但他服从国家需要，克服任何困难，义无反顾地领导并参加了核潜艇、原子弹、氢弹原理的理论研究和设计工作。他是我国核物理理论、中子物理理论，以及核爆炸理论等各种理论的奠基人，为我国科教事业、原子能事业和理论物理领域的发展做出了重要的巨大的贡献，是新中国理论物理发展第一人！

　　北京应用物理与计算数学研究所和中科院理论物理研究所，为彭桓武先生对我国理论物理学和国家"两弹一星"事业的贡献表示敬意，更为让青年学者继承和弘扬"两弹一星"精神，永远记住彭先生对我国理论物理事业以及核物理事业和原子能事业做出的重要贡献，永远缅怀彭桓武先生，2008年10月12日，彭桓武铜像揭幕仪式在中科院理论物理所举行。"两弹一星"元勋、中科院名誉主席周光召院士，何泽慧院士，全国政协科教文卫主任、科技部原部长徐冠华院士，"两弹一星"元勋于敏院士一起为铜像揭幕。诺贝尔物理奖获得者李政道先生为彭桓武铜像揭幕送来了花篮。黄祖洽、胡仁宇、何贤士、欧阳钟灿、吴岳良、牟克雄等参加了仪式。

彭桓武、周光召、
吴岳良师生三代
于2005年合影

　　周光召发表讲话，说："彭先生一直倡导中国科学家应该
走出一条自己的道路，开辟科学研究的新领域，积极发展学科
交叉和学术讨论。彭先生鼓励学生充分发挥他们的积极性，尽
快地成长，他所倡导的创新的、团队的、民主的精神都是值得
我们学习的，希望所有的年轻学者都要长期发扬彭先生的这种
精神。"

　　黄祖洽为导师彭桓武献诗：

彭桓武先生铜像礼赞

　　　上善若水，

　　　首功不居，

　　　师德似风，

　　　惠人煦煦。

理论物理研究所所长吴岳良宣布设立"彭桓武理论物理学奖学金"。彭桓武先生临终前将毕生的积蓄50万元捐给了理论物理所，研究所决定将此款设立奖学金，以激励年轻的理论物理学工作者向彭桓武学习，弘扬他热爱祖国、坚持真理、开拓创新的精神，为我国理论物理事业做出新的贡献。

两弹元勋、科学大师、爱国奉献、学界楷模——彭桓武先生的治学精神、为人之道和学术思想，为整个人类、科技界、学术界留下了宝贵的精神财富。

"彭桓武星"——这颗承载着彭桓武先生学术思想和科学精神的天体，将永远遨游寰宇、光耀苍穹、永世不灭！

附录

彭桓武年表

◆ **1915年**

10月6日，出生于长春县县衙。取名彭梦熊。

排行老七，上有五个姐姐、一个哥哥。

◆ **1920年　5岁**

春，入长春教会学校小学读书。

开始学习英语。

◆ **1924年　9岁**

大部分时间病休在家，但每次考试成绩都很优异，尤其对数学偏爱。

开始阅读《史记》等著作。

◆ **1928年　13岁**

1月，入长春自强中学读初一。

◆ **1929年　14岁**

7月，在哥哥彭梦佛帮助下去吉林毓文中学参加暑期补习班，成绩优异。

9月，毓文中学根据彭桓武的成绩，收他插入初三学习。

彭桓武由彭梦熊改名"彭飞"。

◆ **1930年　15岁**

寒假，研读达尔文《物种起源》和汤姆生《科学大纲》，自学英文教科书《德语会话语法》。

6月，初中毕业，随父兄前往北平读高中，同时考取北师大附中高中和汇文中学高二，选择汇文学校。

10月，母亲陈思敬去世。开始在家自学英文的达夫物理学和微积分。

◆ **1931年　16岁**

1月，取张飞和岳飞字号的中间字"桓"和"武"，改名"彭飞"为"彭桓武"，考入大同中学高三下学期。

9月，以第七名的成绩考入清华大学物理系。

树立人生目标："不为良匠，必为良师。"

◆ **1935年　20岁**

秋，考上周培源先生的研究生，入清华物理系研究生院继续深造。

◆ **1937年 22岁**

9月，担任云南大学理化系教员。

◆ **1938年 23岁**

报考"英庚款"唯一理论物理名额研究生，考取。

9月，到达爱丁堡，投师马克斯·玻恩。

◆ **1940年 25岁**

年底，通过毕业论文《电子的量子理论对金属的力学及热学性质之应用》，获得哲学博士学位。

◆ **1941年 26岁**

8月，经玻恩推荐，前往爱尔兰都柏林高等研究所做博士后的研究学者，在著名科学家埃尔温·薛定谔领导的理论物理所工作。不久，帮助W·海特勒进行介子理论方面的研究。

◆ **1943年 28岁**

与海特勒、哈密顿合作的成果——HHP理论发展了量子跃迁几率的理论，用能谱强度首次解释了宇宙线的能量分布和空间分布，名扬世界物理学界。

8月，彭桓武重返爱丁堡，担任爱丁堡大学理论物理卡内基研究员，再一次投师马克斯·玻恩，并与玻恩合作共同进行场论、量子力学方面的研究。

◆ **1945年 30岁**

夏，论文：《量子场论的发散困难及辐射反作用的严格论述》顺利通过，获爱丁堡大学科学博士学位。

与玻恩合作以关于场的量子力学与统计力学的一系列探索

性工作，共获爱丁堡皇家学会的麦克杜格尔——布里斯班奖。

8月，应薛定谔之邀，赴都柏林高级研究院接替海特勒，任助理教授继续研究场论，并指导法国访问学者C·莫雷特，对较低能区核碰撞中的介子产生作更细致的计算。

◆ **1946年　31岁**

夏，出席在剑桥大学举行的战后第一次基本粒子会议。

◆ **1947年　32岁**

代表云南大学前往比利时参加"大学教授会议"。

◆ **1948年　33岁**

1月，任云南大学物理系教授，先后开设物性论、量子力学和高等电磁学等课，其中物性论和高等电磁学填补了云大的空白。

同年，当选为皇家爱尔兰科学院院士。

年底，吴有训告竺可桢，美国科学促进协会出百年来科学大事记，列名其内只有两个中国人——彭桓武、王淦昌。

◆ **1949年　34岁**

5月，任清华大学物理系教授，教授普通物理、数理物理方法和给研究生开设量子力学，直到1952年10月。

11月，帮助钱三强筹建中国科学院近代物理研究所，与钱三强、吴有训、何泽慧等人成为我国近代物理研究所的创建者。

◆ **1950年　35岁**

5月19日，中国科学院近代物理研究所正式成立，兼近代物理研究所研究员、理论组组长，参加建所工作。

◆　**1951年　36岁**

5月，前往广西柳城县参加土地改革运动。八个月后返回。

◆　**1952年　37岁**

4月，任近代物理研究所副所长，兼任清华大学物理系教授。

10月，兼任北京大学物理系教授，讲授《量子力学》，并带研究生，直到1955年6月。

10月，主持制订近代物理研究所第一个五年计划。

◆　**1953年　38岁**

4月10日，政务院政务会议正式任命王淦昌、彭桓武为近代物理研究所副所长一职。应邀参加重工业部钢铁局组织的钢锭高温加热攻关工作，并参与我国钢锭高温热处理第一个规程的制订，被誉为新中国理论物理学家为国民经济建设服务"第一人"。

在物理所的理论物理室主持核理论讨论班，组织集体学习和讨论核物理中的理论问题。这项工作直到1955年。

◆　**1954年　39岁**

暑假，教育部在青岛举办为各大学培训一批量子力学师资的讲习班，彭桓武讲授量子力学。

9月，当选为第一届全国人大代表。

◆　**1955年　40岁**

6月1日，被选聘为中国科学院数理化学部学部委员（1994年1月改称院士）。

10月，以中国特派实习生身份前往苏联莫斯科学习核反应堆理论。

◆　**1956年　41岁**

4月，与黄祖洽、金星南合作，在物理所举办为期一年的反应堆理论训练班，学员近20人，为中国培养了第一代反应堆理论研究人员。

10月，与胡济民、朱光亚共同给一批刚毕业的大学生讲授反应堆理论，彭桓武主讲反应堆原理和核工原理。这项工作直到1957年5月。同时，给清华工程物理系讲授反应堆理论课程。

◆　**1957年　42岁**

6月，受命全面负责坨里原子能反应堆有关方面的研究工作。

冬，领队代表中国前往印度参加亚洲第一座反应堆典礼。

◆　**1958年　43岁**

8月，领导研制核潜艇动力堆工作，负责这一工程的组织领导和堆工程技术工作，兼任科技领导小组组长。

12月，与刘秉娴结婚。

◆　**1959年　44岁**

春到夏，组织一系列关于反应堆理论与实验的学术报告。同时，在研究所培养并组建一支精干的计算数学队伍。

4月，当选为第二届全国人大代表。

◆　**1960年　45岁**

6月，组织领导和参加完成《潜艇核动力方案设计（草案）》。

与吴有训等前往英国出席皇家科学院成立300周年纪念大会，与导师马克斯·玻恩重逢。

◆ **1961年 46岁**

4月初，经钱三强推荐替代苏联专家工作，到二机部九所任副所长，从事核武器研究。不久，兼任第四技术委员会主任。

◆ **1962年 47岁**

9月，领导和参加的《原子弹理论设计方案》诞生。9月，兼任中国科技大学01系教授。这一工作延续到1964年6月。

◆ **1963年 48岁**

秋冬之际，前往青海湖畔参加一比二核装置聚合爆轰试验。

冬，奉命到兰州浓缩铀厂，为铀−235的生产解决一系列临界安全问题。

◆ **1964年 49岁**

2月，二机部九所改为二机部九院，任副院长。

10月，前往西北核试验基地参加原子弹试验。16日，试验成功。

12月，当选为第三届全国人大代表。

◆ **1965年 50岁**

9月，氢弹原理方案取得重大突破。

10月，前往罗布泊参加原子弹试验。10月16日，试验成功。

◆ **1966年 51岁**

冬，前往西北核试验基地参加氢弹原理试验。12月28日，试验圆满成功。

◆ **1969年　54岁**

春，参加我国第一次地下核试验。

◆ **1972年　57岁**

11月，调中国科学院高能物理研究所任副所长。

◆ **1977年　62岁**

8月15日，妻子刘秉娴病逝。

◆ **1978年　63岁**

2月，当选为第五届全国政治协商委员会委员。

5月，任中国科学院理论物理研究所所长。

10月，应中国科技大学研究生院邀请，开设理论物理课程，这一工作直到1979年6月。

◆ **1980年　65岁**

1月，出席"广州粒子物理理论讨论会"。

辞去理论物理所所长职务，改任名誉所长，出任第一任中科院数理学部统计物理与凝聚态理论学术小组组长。

◆ **1981年　66岁**

组织召开全国第一次统计物理和凝聚态理论研讨大会。

◆ **1982年　67岁**

我国首次试行科学基金制，被推举为科学院数理部基金组组长。

10月，由于对原子弹氢弹设计原理中的物理力学数学理论问题取得突出成果作出了重要贡献，获得国家自然科学一等奖。

◆　**1983年　68岁**

担任中国科学院数理学部规划组长。

◆　**1985年　70岁**

《彭桓武选集》由中国科学院理论物理研究所、北京应用物理和计算数学研究所编，中国学术出版社出版。

以第一颗原子弹氢弹的主要完成者之一，获两项国家科学技术进步奖特等奖。

◆　**1987年　72岁**

2月28日，参加中国物理学会学术报告会。

◆　**1992年　77岁**

夏，在北京出席"复杂性研究讨论会"，为促进交叉科学发展而努力。

◆　**1994年　79岁**

3月31日，在中科院理论物理研究所第五届学术委员会第四次全体会议上讲话，就"理论物理学如何才能不死"发表中肯的意见，引起众人的兴趣和讨论。

9月10日，在理论物理所作报告：《学生与先生》，从教和学两个方面，就青年一代理论物理工作者的培养系统地阐述自己的见解，受到与会研究人员和研究生的热烈欢迎。

◆　**1995年　80岁**

4月，应邀访问上海复旦大学，作《治学与为人之道》和《个人学术思想漫谈》演讲，受到热烈欢迎。

5月，应邀前往秦山核电站视察参观。

9月28日至30日，参加第40次香山科学会议，发言题目:《生物凝聚态》引起强烈反响。

10月19日，荣获第二届"何梁何利基金科学与技术成就奖"，在国宾馆钓鱼台会议大厅出席授奖大会并发言。

◆ **1996年　81岁**

首届"彭桓武纪念赠款"寄给第一位获奖者。

◆ **1997年　82岁**

第二届"彭桓武纪念赠款"颁发。

◆ **1998年　83岁**

荣获国家首批"资深院士"称号。

第三届"彭桓武纪念赠款"颁发。

◆ **1999年　84岁**

5月，《理论物理基础》第二次印刷。

第四届"彭桓武纪念赠款"颁发。

9月18日，共和国50周年华诞前夕，中共中央、国务院、中央军委在人民大会堂隆重表彰为研制"两弹一星"做出突出贡献的科技专家。彭桓武被授予"两弹一星功勋"奖章。

◆ **2000年　85岁**

第五届"彭桓武纪念赠款"颁发。

《理论物理基础》第三次印刷。

◆ **2001年　86岁**

彭桓武、徐锡申著作《数学物理方法导论》出版。

第六届"彭桓武纪念赠款"颁发。

5月，彭桓武、徐锡申著作《数理物理基础》由北京大学出版社修订出版。

9月，《彭桓武诗集》由北京大学出版社出版。

◆　**2002年　87岁**

第七届"彭桓武纪念赠款"颁发。

◆　**2006年　91岁**

9月25日，中国科学院、中国科学技术协会共同主办"彭桓武院士科技思想座谈会暨'彭桓武星'命名仪式"在中国科技会堂隆重举行，将一颗由中国科学家发现的小行星命名为"彭桓武星"。

◆　**2007年　92岁**

2月28日21时40分，彭桓武因病在北京医院逝世，享年92岁。

◆　**2008年10月12日**

彭桓武铜像揭幕仪式在中科院理论物理所举行。"两弹一星"元勋、中科院名誉主席周光召院士，何泽慧院士，全国政协科教文卫主任、科技部原部长徐冠华院士，"两弹一星"元勋于敏院士一起为铜像揭幕。